붉은 장막의 신음소리

삶의 벼랑 끝에서 살기 위해 발버둥치는 북한 주민들의 적나라한 삶의 이야기

붉은 장막의 신음소리

초판 1쇄 찍은 날 · 2007년 6월 15일 | 초판 1쇄 펴낸 날 · 2007년 6월 20일

지은이 · 김광호 | 펴낸이 · 김승태

편집 · 이덕희, 최선혜, 방현주 | 디자인 · 이훈혜, 이은희, 정혜정
영업 · 변미영, 장완철, 김성환 | 물류 · 조용환, 엄인휘

등록번호 · 제2-1349호(1992. 3. 31.) | 펴낸 곳 · 예영커뮤니케이션
주소 · (110-616) 서울 광화문우체국 사서함 1661호 | 홈페이지 www.jeyoung.com
출판사업부 · T. (02)766-8931 F. (02)766-8934 e-mail: jeyoungedit@chol.com
출판유통사업부 · T. (02)766-7912 F. (02)766-8934 e-mail: jeyoung@chol.com
제작 예영 B&P · T. (02)2249-2506~7

ISBN 978-89-8350-713-6 (03300)

값 10,000원

붉은 장막의 신음소리

삶의 벼랑 끝에서 살기 위해 발버둥치는 북한 주민들의 적나라한 삶의 이야기

김 광 호 지음

예영커뮤니케이션

저자로부터

이것은 문학가의 허구가 담긴 소설도 아니고 전해들은 이야기도 아니다. 하루 세 끼의 강냉이밥만 있고, 땔감과 석탄만 있으면 이 세상에서 제일로 행복하다고 생각하던 때가 있었다. 말 그대로 인생 최저의 바닥에서 오직 굶어 죽지 않기 위해 참을 수 없는 것도 참고, 할 수 없는 것도 하면서 몸부림친 그 나날에 두 눈으로 보고, 귀로 듣고, 두 손으로 만지면서, 특히 직업 의사로 겪었던 한 인간의 지난날의 추억이자, 지금도 현실 그대로 어둠에 가려 보이지 않는 북녘 땅 승냥이 굴에서 살고 있는 인민들의 생활 단상을 극히 일부분만 적은 책이다.

"정의라는 기치 밑에! 합법적이라는 구실 밑에 자행하는 폭압이 가장 잔인한 폭압이다." 위대한 과학자 '마리 퀴리' 가 신통하게도 오늘의 이 자그마한 승냥이 굴에서 자행되는 일을 성자처럼 예언한 위대한 정치적 정의이다.

직업 의사로서 병을 치료하면서도 굶어 죽는 사람들의 비참한 현실을 보는 것만으로도 죄책감을 느꼈던 나였다. 책을 쓰게 된 동기는 간단하다.

유럽의 뮌헨 협정이 독일 나치에 힘을 주고 신심을 주어 마침내 제 2차 세계 대전의 대 참사를 막지 못했던 것을 인류는 기억한다. 뮌헨 협정의 당사자가 영국의 조셉 오스틴 체임벌린(Joseph Austin Chamberlain) 수상이 아니고 윈스턴 처칠(Winston Churchill)이었다면, 프랑스의 에두아르 달라디에(Edouard Daladier) 수상이 아니라 샤를르 드골(Charles de Gaulle) 대통령이었다면, 뮌헨 협정이나 독일의 오스트리아 합병도 막을 수 있지 않았겠는가 하고 생각해 본다. 영국으로 귀국하는 비행장에서 체임벌린이 손을 들고 뮌헨의 협정을 "100년의 평화를 담보한다."고 말하던 그때가 제 2차 세계 대전의 서막이었다. 자연의 순리는 과학자나 정치가도 바꿀 수 없다.

승냥이는 양을 잡아먹지 않고는 살아가지 못한다. 너무나도 명명백백한 법칙을 인류가 외면하려 하는 것이 안타깝다. 2천만의 여원 양들을 살리자면, 지금 유럽이 아닌 아시아의 뮌헨 협정이 되풀이 되어서는 안 된다.

"제 3차 세계 대전에서 핵무기로 싸운다면 제 4차 세계 대전은 몽둥이로 싸울 것이다."

핵전쟁이 인류의 종말을 의미한다고 생각하던 어느 작가의 환상 소설의 한 구절이다.

"진실이 빠진 정치, 이는 범죄이다."

이 말은 마하트마 간디(Mohandas Karamchand Gandhi)가 우리에게 가르쳐 준 성언이다.

"사랑이 없으면 정의가 아니고, 힘이 없는 정의는 정의가 아니다."

대 로마제국의 황제가 되기 전 줄리어스 시저(Julius Caesar)는 노예로 있던 한 인간에게 이렇게 말했다.

"나와 당신이 손을 잡으면 로마 제국을 정복할 수 있다."

그러자 그 노예가 말했다.

"저는 아무것도 없는 가난한 검투사 노예입니다."

그때 시저가 응수했다.

"억센 사나이는 가난하지 않다."

얼마나 시저다운 명언인가?

인류 5천년 역사에서 이 승냥이 굴은 전무후무한 일로 될 것이다. 너절하고 - 무의미하고 - 덧없이 살아온 지난날 때문에 뼈저린 후회를 하지 않도록 인생을 살려는 사람이라면 이 작은 책에서 기억하고 행동할 그 무엇인가를 찾을 수 있으리라 생각한다.

"꽃밭 속에 놓인 길은 영광의 길이 아니다."

인생다운 인생을 원하는 사람이라면 이 명언을 알리라고 생각한다. 프랑스의 위대한 문호 빅토르 위고(Victor Hugo)의 대표작 『레미제라블』(Les Miserables)의 말뜻은 '가난에 허덕이고 수치스런 생활이나 행위를 하고 있는 비참한 사람들을 말한다. 위고가 말한 비참한 사람들보다 더욱 비참한 사람들과 장발장이 수백만이나 오늘도 북녘 땅에서 몸부림치고 있다.

레오 톨스토이(Lev Nikloaevich Tolstoi)가 우리에게 남긴 네 구절의 시를 희망의 씨앗으로 생각하면서 마친다.

날카로운 도끼에 찍힌 꽃나무
은백색 꺼풀로 눈물이 쭈르르
가련한 꽃나무야 우지 마라
치명상 아니어니 봄이 오면 나으리

차례

제3부 배가 고파요 • 121

제 1부

그곳에도 따뜻한 사람들이 살고 있다

따스한 바닷가

어느 날 내가 바닷가에 자리 잡은 어촌에서 물고기라도 얻어 올
수 있지 않을까 하는 서글픈 희망을 가지고 바닷가로 가다가 잘 아
는 안전원을 만났다. 그는 평소에도 조용하고 고지식한 사나이로
온순한 사람이었다. 내가 그를 보고 어디에 갔다 오는 길인가고 인
사하며 물었다.

"딸에게 갔다 오는 길입니다."

"딸이 지금 어디에 살고 있습니까?"

"우리 딸애는 아주 잘 되었소. 아버지가 안전원을 하는 덕으로
바닷가에 시집을 갔소. 인제는 딸애도 잘 되고 나도 이따금씩 딸애
의 도움이라도 받을 수 있게 되었소."

항상 사자밥을 등에 지고 차가운 바다에서 파도와 싸움질 하는
어부에게 시집을 간 것이 그 무슨 대단한 성공이라도 한 것처럼 즐
거워하며 자랑한다. 목구멍이 포도청이라 하루에 몇 마디씩 점심
도시락 곽에 숨겨 가지고 들여오는 물고기로 강냉이 밥이라도 먹

는 것이 그렇게도 대견스러웠던 것이다.

80년대까지만 하여도 어로공이라 하면 사자밥을 등에 지고 사는 사람들이라 염분이 스며든 검은 얼굴에 거칠고 난폭하기로 첫손에 꼽히는 정도이고 생활 또한 너무도 가난하여 어느 집도 딸이 있는 집이면 하나같이 그들을 외면하여 노총각들만 우글거렸다.

그러던 것이 나라의 어디로 가든 굶어 죽는다고 아우성을 치게 되자 사람의 본성으로 우선 굶어 죽는 것이라도 모면하려고 어느 집이든 딸이 있으면 바닷가에로 시집을 보내겠다고 앞 다투어 나섰다. 지금에 와서는 사람 됨됨이나 마음씨는 안중에 없고 먹고 사는 것이 급한 때라 바닷가 총각들뿐만 아니라 상처한 홀아비들까지도 새파란 처녀들을 인물을 보아 가며 골라서 배짱을 부리며 장가를 가고 있다. 이런 생각 저런 생각에 서글프고 쓸쓸한 생각을 더듬는 사이에 어느덧 바닷가에 이르렀다.

때는 7월이라 밝고도 뜨거운 햇빛이 푸른 바다와 해당화가 피어 있는 백사장을 비추고 있었다. 하늘이 이렇게도 아름답고도 살기 좋은 자연을 인간에게 주었다는 생각만 하여도 정말로 마음이 훈훈해졌다.

그런데 눈앞에 펼쳐지는 광경은 그야말로 차마 눈뜨고는 볼 수가 없었다. 이미 부모들은 이 세상을 떠나고 집도 없이 바닷가의 모래 위에서 하늘을 지붕으로 여기며 살아가는 이제 겨우 열 살을 조금 넘긴 아이들이 파도에 밀려나오는 미역을 주워 먹는다. 좀 대담한 애들은 여인들이 들것에 담아 창고로 날라 가는 물고기를 거의 빼앗다시피 덮치고 달아난다. 이렇게 하는 아이들이 한 둘이 아니고 너무도 많아 여인들이 들것을 들고 가는 것을 어로공들이 좌우에 늘어서서 눈을 번뜩이며 지킨다. 그러나 죽기내기로 덤벼드는 아이들이 번개 같이 덮치고 달아나면 장화를 신은 어로공이 뒤쫓아가 그 아이를 모래 위에 내동댕이치고 새까맣게 때 묻고 연약한 손으로 꼭 쥐고 있는 한두 마리의 물고기를 빼앗는 모습은 너무나도 처참하고 가증스럽다. 넘어진 한 아이를 어로공이 어찌나 발로 차고 때리는지 그 애의 코에서 흘러내리는 붉은 피가 흰 모래를 물들이는 것을 눈물어린 눈으로 지켜보던 한 여인이 참다못하여 소리치며 그 애를 끌어안는다.

"그 애가 얼마나 배고프면 그러겠소. 제발 그만해요."

여자들은 태어날 때부터 모성애의 본능도 함께 가지고 이 세상에 가지고 태어나는 법인지 그녀는 그 아이를 안고 그를 때리던 어로공에게 막말로 욕을 퍼붓는다.

"사람이면 어떻게 이렇게까지 지독할 수 있어요? 도와주지는 못할망정 굶어 죽는 애를 때려서 죽게 하니 너 같은 놈이나 바닷물에 빠져 뒈져라."

이번에는 그 여인에게로 장화신은 어로공의 발이 날아가 그녀의 몸에 나가떨어진다. 물고기를 나르던 여인이 넘어지면서 그들이 들고 가던 들것에 담긴 물고기가 백사장 위에 뿌려진다. 이때를 기다리던 아이들이 그 무엇도 가리지 않고 달려들어 모래 위에 흩어진 물고기들을 두 손에 움켜쥐고는 산지사방으로 달아난다. 순간에 60~70kg이나 되는 고기가 없어진다. 얼마 후에 또 다시 한 여인이 넘어지고 또 다시 아이들이 덮쳐든다.

"오늘 이 년들이 환장을 했나. 고기가 다 없어지면 우리는 어떻게 살겠니?"

이번에는 아예 넘어진 어로공의 아내를 발로 냅다 찬다. 사실은 여인들이 아이들이 고기를 주워갈 수 있도록 우정을 갖고 넘어진다는 것을 그 아이들도 어로공들도 알고 있다. 이 광경을 서글픈 눈으로 보고 있노라니 잔잔한 파도소리와 어울려 은은한 노랫소리가 들려온다.

해당화 떨기떨기 피어났네.
찰싹이는 파도 물결 조용히 묻네.
8월이라 더운 날에 너 왜 폈느냐.
온갖 꽃 봄에 피고 열매 맺을 때….

멀리에서 들려오는 그 노래는 눈앞에서 벌어지는 모습과는 너무나도 대조적이었다. 나는 발길을 돌려 관리 위원회로 갔다. 내가 생각했던 그대로 관리 위원장을 사무실에 없고 부기장만 앉아 있다.

"어디 갔소?"

내가 물었다.

"모릅니다."

한 마디로 부기장이 대답했다.

고깃배가 들어올 때면 관리 위원장은 아예 숨어버린다. 군당이요, 안전부요, 별의별 사람들이 관리 위원장에게 고기를 달라고 못 살게 쫓아다니는 판이니 그가 사무실에 없을 것은 너무도 뻔한 일이다. 나는 염치불구하고 그의 집에 찾아갔다. 위원장 부인이 행처를 대주어 외진 곳에서 그를 만났다.

"사람들이 다 돌아간 후에 오시오. 부기장에게는 내가 말해 주겠소. 빨리 여기서 가시오. 사람들이 오는 날에는 야단이오."

그가 나의 등을 떠밀어 내 보낸다. 그의 처와 장모가 장기 환자로 병원에만 오면 나부터 찾아야 되는 사이인 만큼 그도 나를 외면하지는 못했다. 나도 살아가자니 비굴하지만 그가 주는 물고기를 받아가지고 그래도 마음만은 흐뭇하여 집으로 돌아올 수 있었다. 어쩔 수가 없어 본성이 아니게 아귀다툼을 해야 하고 서로 살아가야 되겠기에 남보다는 자기만을 먼저 생각해야 하는 그들의 모습이지만 오늘은 다 같이 가슴 뜨겁게 생각되는 잊을 수 없는 나의 고향의 사람들이다.

아버지의 사랑

사람이 타고 다니는 여객열차라고 부르기에는 너무나도 창피한 녹이 슬고 유리창 하나 제대로 된 것이 없는 열차에 사람들이 서 있을 자리도 없어 의자의 등반이 위에까지 올라 앉아 있다. 아수라장 같은 차 안으로 한 사나이가 창문으로 기어 들어갔다. 그가 뒤로 돌아서서는 열차의 창문 밖에 서 있는 한 여인을 힘겹게 열차 안에 끌어 들였다.

발을 놓을 데가 없어 한 발만 짚고 한 발은 그 발 위에 놓았다. 이렇게 거의 12시간을 열차는 굼벵이처럼 느릿느릿 기어갔다. 왼쪽 창밖으로 두만강을 바라보면서 창문으로 기어 들어온 빼빼마른 여인이 혼잣말처럼 말했다.

"친척들은 다 죽었는지? 아무리 편지를 해도 소식이 없구만. 내가 잘 살 때에는 편지도 오고 놀러 오던 사람들이 몇 년 동안은 회답 편지조차 하지 않아요."

그때 옆에서 20살 정도로 보이는 처녀가 울고 있었다. 옆에 섰던 남자가 물었다.

"처녀, 왜 울어?"

처녀는 아무 대답도 없다. 그러면서도 계속 울기만 한다. 그 남자가 다시 물었다.

그제서야 이유를 말한다.

"오줌이 마려워 그래요."

발 놓을 자리도 없는 열차 안이라 아예 화장실까지도 사람들이 꽉 차 있어서 앉을래야 앉을 수도 없이 비좁은 상태였다.

"애야, 여기서 너를 본 사람들을 두 번 다시 만나겠니? 부끄러워 말고 그만 울고 앉아서 오줌을 누어라."

그 남자가 사람들을 있는 힘껏 밀어 공간을 만들어 처녀가 오줌을 누게 도와주었다. 그녀가 앉기는 하였으나 어찌나 비좁은지 도무지 바지를 벗지 못하여 안타까워했다. 그를 지켜보던 남자가 그녀를 다시 세워 놓고 아예 선 채로 바지와 팬티를 무릎까지 내려 주었다. 그녀가 주저앉자마자 오줌을 누었다. 그녀의 오줌에 발이 젖은 몇몇 사람이 입으로는 차마 옮기지도 못할 별의별 쌍욕을 다 퍼부었다. 그 쌍욕들을 들으면서 우리말의 다양성에 대하여 감탄할 만했다. 그녀가 오줌을 그치자 일어섰는데 이번에는 바지를 입는 것이 문제였다. 할 수 없이 그녀의 뒤와 앞의 사람이 도와주어서야 옷을 입을 수 있었다.

"그만한 일에 울기까지 하는 것을 보면 처녀는 아직 고생을 덜했구면. 이 판에 무엇이 부끄럽겠소. 지금 도적질하다 잡혀도 부끄러워하기는커녕 오히려 잡힌 것만 후회하는 세상이 아니오."

남자는 부끄러워 얼굴을 가리는 그녀를 위로해 주었다.

창문으로 들어왔던 그 남자와 여인은 새별이라는 역에서 내렸다. 헌 배낭을 한 개씩 등에 진 그들은 여윈 모습과는 달리 역 담장을 훌쩍 뛰어 넘어 쏜살같이 큰 길에 나섰다. 이들이 길가는 사람들에게 묻고 또 물으며 찾아간 곳은 30여 리나 되는 산골 마을에 있는 젖소 목장이었다.

남자가 "초급 당 비서실"이라 써 붙인 사무실로 들어갔다. 키가 작고 까무잡잡한 초급 당 비서가 대번에 들어서는 그 남자를 보고 목청을 돋구어 욕설을 퍼붓는다.

"당신 형이 안전원이라는 사람이 큰 잘못도 아닌데 사람을 그렇게까지 때리는 법이 어디 있소?"

뜻밖의 욕을 먹게 된 그 남자는 인사를 겸하여 자기소개를 한다.

"비서 동지, 저는 청진에서 온 손님입니다."

그제야 그 남자를 찬찬히 살펴보던 비서가 웃으며 물었다.

"성이 얼마나 났는지 사람도 몰라보고 욕설만 해댔구면. 무슨 일로 나를 찾아왔소?"

"환자가 있어 버터나 얻을까 하여 왔습니다."

그 남자가 찾아 온 이유를 말하였다.

"아니 자기 정신을 가지고 하는 말이오? 지금 비행사들한테 공급해야 할 것도 공급을 못하여 비행사들이 비행기를 제대로 못 탄다고 불같이 독촉을 하고 있소. 내가 중앙당 학교를 다닐 때 동창들이 도당에도 있는데 그 사람들도 나를 찾아와 젖소용으로 공급되는 사료용 콩과 옥수수를 달라고 졸라대어 나도 죽을 지경이오. 아무리 검열을 와도 젖소들이 하루에 콩이나 옥수수를 몇 킬로 먹었다고는 말하지 않는다 하면서 그 사람들이 덮어 놓고 먹을 것을 내놓으라는 판이오."

당 비서는 자기의 딱한 처지를 그 남자에게 설명하였다.

"사실 열여섯 살 되는 딸애가 수술을 하고 영양실조에 걸렸는데 버터가 제일 좋다고 하여 이렇게 오게 되었습니다. 사정이 그러면 할 수 없지요. 내가 살겠다고 다른 사람을 궁지에 몰아넣어야 되겠습니까? 해서는 안 될 욕심을 부려 죄송합니다."

남자는 말하면서 손에 들고 있던 배낭에서 낙지와 가자미를 꺼내 놓았다.

"바닷가에서 오면서도 이것밖에는 가져올 것이 없었습니다. 작지만 성의로 아시고 받아 주십시오."

그러자 당 비서는 서랍을 열고 돈을 꺼내 놓으며 말했다.

"친구들이 도당에도 있고 도안전국에도 있어서 내가 이런 산골에 살고 있기는 하지만 물고기는 때때로 먹을 수 있소. 돈이나 받아 두시오."

"제가 몇 마리 안 되는 물고기 값을 받을 사람으로 보면 안 됩니다."

남자는 배낭을 들고 나가려 했다. 그때 당 비서가 말하며 종이에

글을 써서 쪽지를 넘겨주었다.

"잠깐만 기다리시오. 이 쪽지를 창고장에게 갖다 주시오. 만약 버터를 주지 않으면 다시 나한테로 오시오."

그 남자가 한참 걸어 창고장을 찾아가 그 쪽지를 내밀었다. 쪽지를 읽고 난 창고장 여인이 난색을 지으며 주겠다는 말도 주지 못하겠다는 말도 못하고 그냥 서 있다.

"지배인이 목장에서 제기되는 자재를 얻으려고 도나 총국에 갈 때에도 버터를 3킬로 밖에는 가져가지 못합니다. 손님이 당 비서의 친척 되는 분입니까?"

"만약 쪽지를 보고도 주지 않으면 당 비서가 다시 찾아오라고 합디다."

그의 말을 듣고 창고장 여인은 한숨을 쉬면서 투덜거렸다.

"억울한 두꺼비 떡돌에 깔린다고 나는 창고장이지만 버터 한 킬로 먹어보지도 못하고 검열만 오면 죽일 년 살릴 년 하고 욕설만 먹어야 되니 속이 뒤집어져 죽을 지경입니다."

끝내는 눈 같이 흰 비닐 박막에 5kg의 버터를 싸서 그 남자에게 내주었다. 몸둘 바를 몰라하며 부끄러워하던 그 남자는 버터를 받자마자 배낭에 넣어가지고 오던 길을 되돌아 새별역으로 갔다.

병원에 입원한 그 남자의 딸을 치료하던 담당의사는 딸에게 먹으라고 준 버터를 놀란 눈으로 바라보면서 못내 부러워한다.

"환자의 아버님은 성의도 대단하지만 안면도 대단히 넓으신 분이구만요."

16살 처녀는 그 버터를 먹은 덕분인지 영양실조에 빠졌던 몸도 회복되어 건강을 되찾았다. 그 힘들고 어려웠던 시기의 일들은 잊지 못할 하나의 추억으로 그들 부녀는 한가한 시간이 되면 지금은 웃으면서 말하곤 한다.

변비

변비라는 것은 섭취된 음식물이 제 때에 배변되지 못하고 직장 안에 오랫동안 머물러 있으면서 수분이 거의 없이 굳어진 상태를 말한다.

난방도 없고 전등도 없이 석유 등불만이 희미하게 비치는 치료 실에 40대 중반의 여인과 20살 안팎으로 밖에는 볼 수 없는 처녀 가 조각상처럼 아무 말도 없이 서 있은 지가 내 짐작으로는 한 시간 은 족히 된다고 생각됐다. 어찌나 춥고 배고프던지 집으로 갈 시간 만 손꼽아 기다리던 나는 차갑고 신경질적인 목소리로 그들에게 물었다.

"응급실에 치료를 왔습니까, 아니면 누구를 만나러 왔습니까?"

두 여인이 말은 하지 않고 서로 쳐다만 보고 있었다.

"입이 붙었습니까? 용건을 빨리 말하시오. 나도 이제는 집으로 가야 됩니다."

내가 다시 소리를 높여 말해도 그녀들은 아무 말 없이 서로 얼굴만 쳐다만 보다가 갑자기 40대 여인이 눈물을 훔치는 것이었다. 그 제야 나는 무엇인가 한두 마디의 말로는 할 수 없는 사연이 있음을 직감했다.

"의사를 찾아 왔으면 아무리 말하기 어려운 것이라 해도 말하시오."

내가 부드럽게 제법 타이르는 어조로 말하자 아무 말 없이 40대 여인이 딸을 뒤로 돌려 세우더니 딸이 입고 있는 바지와 내의를 무릎까지 벗기고 이어 팬티까지도 벗겨 벌거숭이로 만들고 나를 오라고 손짓하였다. 아무리 의사라 해도 백주에 완전히 하반신을 드러난 20대의 처녀를 보는 순간 당황하여 어찌할 바를 모른 채 그녀에게로 다가갔다.

"선생님, 대단히 미안하지만 딸애의 뒤를 살펴보아 주십시오."

그녀의 말이 끝나자 너무도 부끄러워 두 손으로 얼굴을 가리고 숨조차 쉬지 않는 처녀를 허리를 앞으로 굽히게 하고는 두 다리를 벌리고 서라고 하였다. 둔부도 음부도 나의 얼굴 앞에 드러난 것을 본 처녀의 어머니는 아예 뒤로 돌아서 버리고 처녀는 조용히 울기 시작하였다. 나는 더 생각하지 않고 직업적 본능대로 처녀의 둔부를 벌리고 눈으로 관찰하였다. 두 번 다시는 볼 수 없는 실로 참혹한 현상이 보였다. 변비로 뒤가 굳어져 집에서 쇠 젓가락으로 어찌나 쑤셨는지 항문 주위 전부가 상처와 피투성이였다. 나는 처녀를 벗은 그대로 침대에 옆으로 눕히고 치료 조작 규범대로 다시 둔부를 벌리고 핀셋으로 대변이 얼마나 굳어졌는지 찔러 보았다. 그 뾰

족한 핀셋조차 들어가지 않았다.

"보시다시피 너무 오래된 변비여서 시간이 퍽이나 걸리겠는데, 여기는 너무나 춥고 더운 물도 없으므로 치료할 수가 없습니다. 이 병원에는 따뜻한 방이 하나도 없습니다. 가까운 곳에 친척집이라도 있으면 그리로 가서 하는 수밖에 없습니다."

나는 비상용으로 가지고 있던 진통제 주사약과 골수 천자침 고위 관장기를 준비해서 그녀가 들어가는 집으로 따라 들어갔다. 미리 준비하였는지 집안이 훈훈하였다. 방안에 들어서기가 바쁘게 미리 차려 놓은 밥상으로 그들은 나의 손을 잡아끌었다. 밥상을 덮어 두었던 신문지를 벗기자 두부 한 모와 흰 쌀 밥 한 그릇과 시래기 국 한 사발, 술 한 병이 있었다.

하루 종일 멀건 시래기 죽 두 끼도 변변히 먹을 수 없어 죽을 지경으로 배가 고프던 때라 이 정도의 식사면 꿈속에서조차 환성을 지를 만한 성찬이었다. 나는 밥을 먹으라고 권하기도 전에 염치고 뭐고 가릴 사이 없이 몇 분 만에 게 눈 감추듯 상 위의 모든 것을 깨끗이 먹어치웠다. 술 한 병 만이 덩그렇게 남았다.

나는 원래 술을 마시지도 않거니와 치료하는 의사가 술을 마시는 것은 금물이었다. 식사를 하고 나니 곤두섰던 신경도 누그러지고 식사 대접을 받은 것도 미안하여 담배 한 대 피우지 않고 치료에 달라붙었다.

아무리 친어머니 앞이라 해도 다른 남자의 앞에서 완전히 벌거벗을 때 부끄러워한다는 사실을 알고 있는 나는 처녀의 어머니에게 방안에 들어가서 문을 닫고 보지 말라고 하였다. 나는 부엌에 그 처녀와 단 둘이 있으면서 남자가 부끄러워 두 손으로 옷을 쥐고 있는 그녀에게서 바지와 내의 팬티까지도 완전히 벗겼다. 골수 천자침을 주사기에 끼워 준비한 소금물을 주사기에 빨아들인 후 환자의 항문을 한 손으로 힘껏 벌리고, 다른 손으로 마치 돌 같이 굳어진 대변에 주사기를 조금씩 들이밀며 소금물을 힘껏 주사하였다. 소금물이 배어들면서 돌 같던 대변이 조금씩 부서져 핀셋으로 꺼냈다. 이 같은 조작을 수 십 차례 반복하였다. 돌 같던 굳은 변이 대부분 제거되고 어느 정도 물렁물렁한 변이 나오자 고위 관장기를 높이 매달아 소금물을 넣고 고위 관장을 하였다. 한 시간 남짓 힘들게 치료하여 깨끗하게 직장 안에 막혀 있던 대변을 제거하였다. 치료가 끝나자 들어간 처녀가 어머니에게 말했다.

"어머니 이제야 살 것 같습니다. 선생님의 이 신세를 어떻게 하면 갚아 드리겠어요?"

치료가 되었다는 것을 어머니에게 확인시킨 후 관장하여 제거한 순전히 쌀겨뿐인 대변을 그녀의 어머니에게 보여 주었다.

"식량이 없어 쌀겨만 먹은 것 같은데 다음부터는 쌀겨를 먹는다 하여도 배추시래기나 무시래기와 같은 것을 함께 먹으면 이렇게 심한 변비는 오지 않습니다."

내가 이러한 초보 상식 몇 가지를 이야기해 주는 것으로 그들과 작별 인사를 하였다. 모녀는 내가 먹지 않고 남겨 두었던 술을 기어이 구급 가방에 넣어 주면서 훗날에 형편을 보아가면서 인사하러 오겠다고 했다. 말 그대로 그들은 자기들이 쌀겨밖에 먹을 수 없었던 형편에서도 나를 잊지 않고 성의를 다하여 적으나마 음식을 준비하여 가지고 가끔씩 찾아오곤 하였다.

그 때의 그 광경이 꿈속에서 희미하게나마 보이곤 하는 때면 돼지도 먹지 못할 쌀겨를 먹어야 하는 고향 사람들에 대한 그리움과 동정으로 나도 모르게 눈곱이 젖어든다.

무스리스크에서 하바로프스크까지

1980년대가 시작되던 봄이었다. 출장차 멀고도 먼 러시아 여행 길에 오른 나는 무스리스크란 자그마한 도시에 볼 일이 있어 들리게 되었다. 무스리스크는 세계에서 가장 긴 시베리아 횡단 철도의 한 분기점으로 조선 망국의 슬픔을 안고 고국을 떠난 동포들이 적지 않게 살고 있는 곳으로 시장이나 기차역에서 종종 그들을 만날 수 있다.

동포들은 "노들강변", "아리랑", "홍도야 울지 마라"와 같은 고국의 향수를 느낄 수 있는 노래가 담긴 레코드 한 장에 삼십 달러라는 돈을 주면서 사다 달라고 부탁하였다. 고국과 고향에 대한 그들의 애국애족의 말을 들을 때마다 나는 오히려 자유롭고 구속 없는 그들이 더욱더 부러웠다.

열차 안은 어찌나 깨끗하고 정갈한지 문명한 사람들의 문화를 어느 정도는 배워야 되겠다고 스스로 생각하였다. 끝없이 펼쳐진 벌판을 질주하고 북쪽으로 달리는 열차의 오른쪽에는 시호테알린

산맥의 연봉이 아득히 보인다. 펼쳐진 벌판의 대부분은 규모 있게 정리된 목초지로 질서 있게 쌓아 놓은 건초더미들을 바라볼 수 있다. 이 넓고도 기름진 땅이 한 때는 우리의 선조들이 살았던 고구려의 일부분이라고 생각할 때 아쉬운 마음이 떠나지 않았다.

장난삼아 마주앉은 러시아 사람에게 말을 걸었다.

"까레이 까크두마예시?"(조선에 대하여 어떻게 생각하는가?)

"나 웨끼 두르즈마"(영원한 친선)

"아메리깐쓰끼 까크두마예시?"(미국에 대하여 어떻게 생각하는가?)

"아메리까 뚜르륵"

손으로 총을 쏘는 시늉을 하면서 미국과는 강력한 군사적 대응을 해야 한다는 뜻으로 설명하였다. 나는 철저한 반미군사대국주의로 물든 이 유쾌한 러시아 청년에게 그 유명한 러시아 댄스를 추라고 하였다. 청년은 옆에 있던 기타를 들더니 석쉼한 목소리로 노래를 부르면서 기타로 반주하고 발로는 댄스를 추었다.

눈에 덮인 시베리아 정든 내 고향.

여긴 나의 조국일세. 여긴 러시아의 땅.

'강대한 나라, 강인한 민족' 이라는 그들의 자부심은 그들의 말과 노래에서도 눈에 띄게 나타났다. 노래가 끝나갈 무렵 무릎 위 7센티미터의 짧은 미니스커트를 입고 서 있는 처녀를 보고는 나와

동행하던 친구가 말했다.

"보나마나 저 여자는 바람쟁이다. 팬티도 입지 않은 게 뻔하다."

그의 말에 내가 받아 말했다.

"유행과 품성은 가려 볼 줄을 알아야지. 그렇게 속단하다가는 망신이나 당한다."

그러자 친구가 나에게 내기를 걸어왔다.

"크라씨바야 제보치카 모즈노 부쓰뜨레찌쨔?"(곱게 생긴 처녀, 잠깐 만날 수 있습니까?)

나의 말에 그녀는 옆으로 와서 왜 그러냐고 물었다. 내가 앉으라고 말했더니 그녀는 나의 옆에 앉았다.

"이즈베니쩨 빠잘루이쓰다. 챠쓰 빠까지쩨 뚜르쓰이 모즈노?"(미안하지만 입고 있는 팬티를 보여 주시오. 가능합니까?)

나의 말에 그녀는 스커트의 옆을 들어 입고 있는 팬티를 보여 주면서 의아한 눈길과 함께 가벼운 웃음을 지었다. 내기에서 이긴 나는 친구가 주는 10달러로 그녀와 같이 간이매점에 가서 음료 등 간식을 사가지고 와서 셋이 함께 먹으면서 서투른 러시아어로 손짓 몸짓을 해가면서 유쾌한 이야기를 나누었다. 그녀는 우리에게 어느 나라 사람인데 무엇 때문에 어디로 가느냐고 귀여운 웃음을 지으면서 물었다. 열아홉 꽃다운 나이의 황홀한 금발머리에 커다랗고 새파란 그녀의 눈길을 생각할 때면 지금도 가슴이 두근거린다. 그녀는 우리에게 당신네 나라는 사랑하는 사람이 외국인이라면 결혼을 할 수 있느냐고 물었다. 그녀의 물음에 내가 그렇게 못한다고 대답하자 그녀가 말했다.

"류보비 베즈크라이 쁠로하야 자꼰."(사랑은 국경이 없는데 그 것은 나쁜 법이다.)

그녀는 나의 요구에 응하여 그들이 자랑스레 부르는 〈모스크바 교외의 밤〉을 불러 주었다.

시냇물은 흐르는 듯 마는 듯
달빛 어려 반짝이네
노래 소리도 들려오는
신기로워라 이 밤이여

이어 음악가 차이코프스키(Tchaikovsky, Peter Ilich), 러시아 의 위대한 언어학자이자 과학자인 로모노소프(Lomonosov, Mikhail Vasilyevich), 모스크바로 진군하던 50만 명의 나폴레옹 군을 격퇴시킨 쿠투조프(Kutuzov, Mikhail Illarionovich, Knyaz) 장군과 소련에서 최초로 원자 폭탄과 원자력 발전소를 제작한 핵 물리학자 쿠르차토프(Kurchatov, Igor Vasilyevich), 첫 우주비행 사 유리 가가린(Yurii Alekseevich Gagarin), 유명한 시인 푸시킨 (Aleksandr Sergeevich Pushkin) 등 러시아의 역사가 낳은 세계 적인 인물들을 섞어가면서 내가 열정적으로 이야기를 했더니 내가 소련에서 공부하였느냐고 물었다. 그녀는 나에게 수첩을 내주면서 기념으로 우리 글로 푸시킨의 시를 써달라고 하였다.

시베리아의 지심 속 깊이
씩씩한 용감성과 견인성을 간직하여라.
그대들의 뜨거운 노력과 지성은 헛되지 않으리
자유의 붉은 태양이 그대들을 비추리

자유를 위하여 전제독재를 반대하다가 사형당한 12월 당원들을
추모하면서 푸시킨이 쓴 시이다.

우리도 모르는 사이에 어느덧 창밖은 어둠 속에 잠겼다. 내가 침
대에 누운 친구에게 말했다.

"배가 고파서 저녁을 먹어야 되겠는데 무엇을 먹겠나?"

"이놈의 마우재 나라에서는 우리 입에 맞는 음식이라고는 아무
것도 없다. 배고픈 대로 그대로 자자니 어디 견디겠나?"

친구는 불평조로 대답하였다. 그때 여인의 한국말 소리가 들렸
다.

"고려 사람이 아니오? 배고프다는데 여기로 오시오."

우리 둘은 벌떡 일어나 주변을 살펴보았다. 열차 안이 전부가 백
인이고 러시아 말뿐인데 우리말로 하는 그 말은 우리에게 눈물이
나게 반갑게 들려왔다. 우리는 이 마음이 조국애이자 민족애라는
것을 가슴 뜨겁게 느끼면서 우리에게 손짓하는 여인에게 다가가
둘이 똑같이 좌우에 앉았다.

그 여인은 50대로 보였다. 우리가 자리에 앉자 그 여인은 우리

의 손을 잡으면서 눈물을 흘렸다. 잠깐 서로 인사를 나눈 후 그녀는 침대 구석에 있는 커다란 가방을 들추더니 작은 보따리를 꺼내어 우리 앞에서 펼쳐 놓았다. 꿀에 담근 통닭을 도자기로 된 단지에서 꺼내 놓고, 이어 먹음직한 김밥까지도 내놓았다. 생각 밖으로 입에 맞는 저녁을 실컷 먹고는 긴긴밤을 한담으로 밝혔다. 그녀의 이야기는 약소민족의 슬픈 역사의 축소판이었다.

"나의 고향은 강원도 통천이라는 곳으로 바닷가에서 멀지 않은 농촌이오. 어린 시절에는 때때로 총석정에도 가곤 하였는데 나는 아직 해금강을 낀 내 고향보다 더 아름답고 정이 들 수 있는 곳은 보지도 못하였고 있을 수도 없다고 생각되는구먼.

나는 열여덟 살 되던 해인 1946년 네 살 위인 지금의 남편과 결혼하였소. 그때 남편은 부모도 없이 머슴살이를 하던 외톨이였는데 어찌나 사람이 순박하고 일도 잘하고 마음씨 착하였는지 아버지가 철없는 나를 그에게 시집보내고는 아예 우리 집으로 데려다 함께 살았소. 손바닥만한 두 칸짜리 초가집 농가인 우리 집은 오빠네 식구가 방안에서 자고, 아버지와 어머니와 신혼인 우리 부부가 그 곁에서 거의 붙어 자다시피 비좁게 살았소. 거기서 신혼 시절을 지냈지만 깨가 쏟아지는 부부간의 그 짜릿하고 즐거운 운우지정은 나눌 엄두도 못 하였소. 그래도 청춘 시절이라 뜨거운 욕정은 남편이 나를 안고 손으로 온 몸을 만지면서 애무하는 것으로도 대체해야 하였더랬소.

첫 사랑의 그 뜨거운 재미도 나누기 전에 남편은 이 마우재(러시아인) 나라에 강제로 끌려오다시피 오게 되었소. 해방된 후 북조선에서는 어업, 임업, 노동자라는 구실 밑에 생생한 젊은이들을 여기에 데려다 별의별 일을 다 시켰소. 우리 남편은 신체도 좋고 계급적 출신 신분이 좋다고 군대에 보내서 공부를 시켰소. 열여덟 살 철부지인데도 어찌나 남편이 보고 싶고 그리웠는지 거의 매일 울며 밥도 제대로 먹지 않고 보내는 것을 아버지와 어머니는 보다 못하여 있는 재산을 다 털어 사람을 보내어 남편을 겨우 찾아내고 나를 데려가라고 연락하였소. 그때 나 때문에 부모님과 오빠가 고생한 것을 생각하면 지금도 어처구니없고 죄스럽게 생각되는구면.

그 시절에 나에게는 남편의 품이면 이 세상의 전부라고만 생각되는 정도로 정말이지 미친 듯이 사랑에 빠졌소. 지금도 그때의 일을 이야기하면 남편도 자식들도 무슨 새 소식이라도 듣는 것처럼 웃으면서 듣고 있소. 그 다음 해 아버지가 빚을 내어 노자를 마련해 주어 옷 보따리 하나와 남편의 주소를 갖고 여기로 찾아왔소. 말 한 마디 모르는 열아홉 살 시골뜨기 농촌 여자가 마우재들 속에서 남편의 주소를 보여 주면서 찾아오던 때의 날들에는 웃지 못할 별의별 해괴한 일들과 고생이었소.

여기에 와 보니 소련 사람들은 이불이 없어 군대 솜옷을 덮고 자고 못이 없어 드럼통을 가위로 오려서 쓰고 있더구면. 소금이며 사탕가루는 성냥갑으로 담아서 배급해 주었소. 얼마나 살기 힘들었는가는 말로 다 할 수 없었소. 그래도 남편이 있으니 나는 고생이라고는 전혀 생각되지 않더구면.

지금은 승용차에 없는 것 없이 잘 살고 있지만 그 시절이 훨씬 더 좋다고 생각되고 그립기만 하오. 아마도 사람이 살아가는데서 나의 경험으로는 청춘 시절의 뜨겁고 달콤한 사랑보다는 더 좋은 것이 없다고 생각되오. 우리 부부는 지금까지도 단 한 번도 언쟁조차 한 일이 없는 금술 좋은 부부간이오. 내 말이 딴 데로 흘러갔구면."

말을 쉬더니 그녀는 보따리에서 음료수를 꺼내 우리에게 권하고 자기도 마시면서 말을 이어갔다.

"그때 벌써 이 나라에서는 지금의 세계정세를 내다보고는 순전히 백 프로 고려 사람들로만 특별히 따로 부대를 조직하여 공부도 시키고 훈련도 시켰댔소. 같은 고려 사람들끼리니 하는 말이지만 남편의 말대로 하면 우리 남편이 복무하는 부대의 위치만 해도 특급 군사 기밀로 누설하기만 하면 총살되거나 감옥에 간다고 하더구면.

순 고려 사람들로 조직된 부대라 고려 사람이 아닌 코 큰 사람들이 그 근방에 얼씬거리기만 해도 대번에 눈에 띨 것이 아니겠소. 어떠한 나라의 간첩이든, 여기 소련 사람이든, 고려 사람이 아닌 사람이 나타나기만 하면 무조건 잡아서 조사해 보고 놓아 준다고 하더구면.

우리 남편이 여기에 온지도 벌써 몇 년은 잘 되오. 남편의 말대로라면 소련과 미국이 전쟁을 할 수도 있다고 판단하고 여기 태평양이 멀지 않은 깊은 무인지경에 누구도 모르게 부대를 배치했다고 하더구먼. 우리 남편이 복무하는 부대는 핵미사일 부대라는 듣기만 해도 무서운 부대요.

우리 남편이 지금 중좌인데 월급이 자그마치 3천 달러가 넘소. 이 소련 땅에서는 우리 집 만큼 잘 사는 집이 거의 없소.”

말을 끝내면서 그녀는 또 우리에게 먹을 것을 권하고 잔등도 만지면서 마치 친형제를 오랜만에 만난 듯이 너무도 살뜰하게 대하여 주었다. 그녀의 이야기와 우리가 하였던 고향에 대한 이야기로 온 밤을 뜬눈으로 밝힌 우리의 눈앞에는 저 멀리 동쪽으로 희미하게 하늘이 밝아오는 것이 보였다.

그때 갑자기 녹슨 간선 철길이 벌판을 지나 산으로 뻗은 것이 보였다. 여인이 우리를 손으로 치고 그 철길을 가리키면서 저리로 가면 자기네 집이 있다고 말하였다. 하바로프스크를 얼마 멀지 않게 앞둔 곳이었다.

하바로프스크 역에 도착하자 그녀는 우리를 안내하여 역 앞에 서 있는 크지 않은 하바로프스키의 동상을 가리키며 해설해 주었다. 역전의 식당으로 데리고 가서 식사도 시키고 고골리 거리와 김유천 거리로 안내하면서 자기가 아는 것을 설명해 주었다. 특별히 하바로프스크의 중심가에 있는 김유천 거리에 대해서는 일본을 반대하여 싸웠던 유명한 고려 사람이라고 마치 자기의 형제나 되는 듯이 자랑하며 그가 상당히 큰 인물이었기 때문에 이 커다란 도시의 중심가에 고려 사람의 이름을 남겼다고 말하였다.

어린애 좀 받아주시오

북방의 겨울은 무서운 추위는 아니지만 여위고 주린 허약한 사람들로서는 살아가기가 참으로 힘든 계절이었다. 석탄 한 바케츠로 하룻밤을 보내야 하는 응급 치료실은 어찌나 추운지 얼어 죽지나 않을까 느껴질 정도였다. 그래도 위생모도 쓰고 위생복도 입고 목에는 청진기까지 걸고 정중하게 앉아서 환자를 진찰했다.

어느 날 저녁 열 시쯤 되어 환자들이 뜸한 시각에 갑자기 문이 열리면서 세 사나이가 들어섰다. 세 사나이는 한결같이 장교 모자와 군복을 입고 어깨에는 싯누런 손바닥만 한 견장을 단 안전원들이었다. 한 사람이 담요에 쌓인 어린애를 안은 것이 보였다.

"도 안전국 도급 담당과에서 왔습니다. 사업차 여기로 오던 중 길바닥에 버려진 이 어린애를 안고 왔으니 병원에서 받아주시오."

제법 정중하게 거절하지 못하도록 뜸직뜸직한 말로 의사에게 요구했다. 의자에 앉았던 의사가 갑자기 성난 얼굴을 돌리면서 중좌의 견장을 단 그 사나이에게 매섭게 쏘아 붙였다.

"중좌 동지, 병원이 환자를 치료하는 곳이지, 굶어 죽게 되어 버린 어린애나 받아 주는 곳이 아니라는 것쯤이야 알고 계실 텐데요. 집을 떠나 길거리에서 방랑하며 얼어 죽고 굶어 죽는 애들을 병원에서 받아야 된다는 지시는 없었습니다. 오늘 우리 원장이 이런 아이들을 받아 두었다가 쓸데없는 시비에 말려들지 말라고 특별히 강조했습니다. 미안하지만 저로서는 어린애를 받아 줄 수도 없고 받아 주었다가는 방도가 없으니 그대로 안고 돌아가십시오."

말이 끝나기가 무섭게 중좌가 안았던 애를 침대에 내려놓고 눈을 부릅뜨며 의사에게 다가섰다. 마치 때리기도 할 것 같은 험악한 기세였다.

"여보, 의사 선생, 당신 같은 사람이 어떻게 의사를 하오. 인정머리라고는 도무지 없는 사람이구만. 그따위 짓을 하면 도당 교육부에 신고해서라도 해임시켜 버리겠소."

사나이의 말에 안색 하나 변하지 않고 의사는 마치 조롱이나 하듯 중좌를 쳐다보며 쓴 웃음을 지으며 말했다.

"대단히 감사합니다. 돈 한 푼, 살 한 킬로도 받지 못하고 무보수로 일하는 이 의사 자리를 벗어날 수만 있다면 나도 얼마나 좋겠소. 내가 오늘 아침도, 저녁도 먹지 못한 사람인데 어떻게 다른 사람을 도와줄 수 있겠소. 중좌 동지께서는 인정이 많으신 것 같은데도 안전국 도급 담당과 간부님께서야 식량도 타겠는데 어린애 하나야 못 도와주겠소. 밤사이에 이 애에게 먹여 줄 밥을 한 그릇만 가져오면 어린애를 받아 주겠소. 내가 보니 당신들은 하루 세끼 굶는 사람 같지 않구면."

의사의 조롱에도 반박할 수 있는 말을 찾지 못한 사나이는 제풀에 성이 나서 전화기를 들더니 말했다. '

"군당 조직부장 댁에 연결하시오."

전화기가 울리자 중좌가 말했다.

"조직부장 동지이십니까? 도 안전국 도급 담당과에서 사업차로 온 사람입니다."

중좌는 자기소개를 한 후 어린애를 걸어서 안고 온 경위와 의사가 어떤 일이 있어도 어린애를 받지 못하겠다는 말을 하는 되먹지 못한 놈이라는 설명까지 덧붙이고 적절한 조치를 취해 줄 것으로 요청하고 전화를 끊었다. 잠시 후 다시 전화벨이 울렸다. 전화를 받은 중좌가 의사에게 수화기를 넘겨주었다.

"이선생, 나도 선생을 잘 알고 선생도 나를 알고 있지 않소? 선생이 고지식한 것을 알고 있어서 다른 생각을 하지 않고 있으니 어쩌겠소. 그 사람들의 처지도 이해를 해주어야 되지 않겠소? 그들이 아이를 안고 어디로 가겠소? 갈 데가 없는 것이 너무나도 뻔 하지 않소. 선생이 한 번만 조직부장의 얼굴을 봐서 하룻밤만 수고를 해주오. 군 병원에서 군당조직부장의 말도 듣지 않더라고 하면 나도 망신이고 선생도 마구잡이라고 밖에 더 평가를 받겠소? 내일 대책을 강구해 볼 테니 하룻밤만 양해 구하겠소."

전화로나마 듣기 좋은 말로 양해를 구하는 말을 듣자 의사도 마음이 누그러져 세 안전원을 돌아보며 조용히 말한다.

"시어머니 역정에 개 배때기 찬다고 수고한 손님들에게 수고했다는 말을 못할망정 기분 나쁘게 맞아 주어 죄송합니다. 내가 춥고 배고픈 사람이니 신경질밖에 남은 것이 없다고 아시고 기분을 푸시고 어린애는 두고 가십시오."

그가 하는 부드럽고 도리에 맞는 말에 중좌는 웃으면서 말했다.

"선생, 내가 오히려 부끄럽구먼. 병원에 와서 손님으로서 체면도 없이 큰 소리를 쳐서 죄송합니다. 어린애를 받아주겠다니 난처하게 된 우리를 도와주었으니 고맙습니다. 언제면 이런 일들이 없어지겠는지? 우리도 가슴 아프기는 매한가지요. 자, 악수나 하고 헤어집시다."

그들이 돌아간 후 어린애가 울기 시작하자 의사는 간호사를 데리고 산부인과 입원실로 갔다. 산모가 있으면 젖이든 미음이든 좀 얻어 먹이려는 것이었다. 200베드의 큰 병원이지만 식량이 없는 형편이라 입원 환자래야 부인과에 서너 명, 소아과에 서너 명밖에 없었다. 의사는 산부인과 입원실에 들어가 누워 있는 세 산모에게 누구라 할 것 없이 말했다.

"당장 굶어 죽게 된 길가에 버린 아이가 들어왔는데 젖이든 미음이든 좀 얻으려고 왔습니다."

그의 말이 끝나자 한 산모가 성이 나서 소리쳤다.

"의사 선생님, 자기 정신으로 하는 말입니까? 우리 세 명 중 오늘 세끼 밥을 먹은 사람이 있는 줄 아세요? 두 끼 밥도 제대로 못먹는 산모가 젖이 나오면 얼마나 나오겠어요. 해산한지 나흘도 안

된 애가 젖이 모자라 자지도 않고 계속 보채고 있는데 정신 나갈 소
리는 두 번 다시는 하지도 마시오."

　그녀가 하는 신경질적이고 모욕적이다시피 내뱉는 말이지만 대
꾸할 만한 말을 못하는 의사는 그대로 돌아서 길고도 어두운 복도
의 벽을 짚으며 치료실로 천천히 걸어갔다.

마음 착한 약혼녀

그들이 살고 있는 집에서 멀지 않은 거리에 맑고 푸른 바다가 일망무제(一望無際) 하게 펼쳐져 있다. 30~40분 거리에는 마치 묘지처럼 높지 않고 둥글둥글한 푸른 야산이 있어 실로 산도 좋고 물도 좋은 고장이다.

키가 후리후리하고 얼굴은 넙죽한 스포츠머리를 한 남자가 책을 보면서 나무에 기대어 앉아 있었다. 이따금 보던 책을 덮으면서 이리저리 주변을 살피는 것으로 보아 누군가를 기다리고 있는 것 같았다. 그는 훤칠한 키 때문에 대학에서 농구 선수로 출전하고, 대학생들의 예술 공연 때는 합창단과 중창조로도 나가 말 그대로 팔방미인이었다. 7년간의 군복무를 마치고 처음에는 체육을 하다가 무엇 때문인지 그만두고 지금은 의학대학 졸업을 눈앞에 둔 의대생이다.

바다가 가까운 탓인지 해질 때가 되자 안개가 끼면서 날씨는 약간 추운 감을 느끼게 스산했다. 그가 다시 눈을 돌려 책을 읽고 있을 때 한복 차림의 한 여인이 고개를 약간 숙이고 조용히 걸어와 무엇에 걸려 넘어지기라도 하듯이 그 남자의 옆에 손수건을 깔아 놓고 그 위에 앉았다. 갸름한 얼굴에 양쪽 볼에 빨갛게 물든 홍조는 얼핏 보면 겨우 스무 살 정도 밖에 보이지 않았다.

"늦게 와서 미안해요. 오신 지 오래 되었어요?"

살짝 웃으며 묻는 그녀의 그 귀여운 모습은 마치 어린애인양 순진하고 너무나도 귀여워 보였다.

"아니오. 나도 여기에 온 지가 얼마 되지 않았소."

남자가 처녀가 미안해 할까 봐 거짓말을 했다.

"먼저 번에 말해 주던 몽테크리스토 백작에서 주인공 에드몽 당테스가 약혼식장에서 잡혀가던 이야기가 무엇 때문인지 나에게 가장 잊혀지지 않아요. 아마도 사람에게서 가장 큰 고통이란 죽음보다도 사랑을 잃어버리는 것이 아닌가 싶은 것이 나의 생각입니다. 우리 두 사람이 서로 만나고 알게 된 지가 불과 몇 번도 안 되지만 스물다섯 살 될 때까지 키워 준 아버지나 어머니보다도 더 많이 생각되고 하루 종일 보고 싶은 마음뿐이니 나로서도 내가 나쁜 여자라고만 생각되어요. 그래서인지 우리 어머니는 '너도 시집만 가면 팔촌보다도 멀어지고 엄마나 아버지는 생각도 하지 않게 된다.' 하고 나에게 말합니다."

여인은 말을 마치며 들고 왔던 작은 가방에서 무엇인가를 꺼내 남자의 손에 쥐여 주었다. 남자는 그녀가 손에 쥐여 준 것을 보다가 입 안에 넣고 천천히 입을 다물었다. 그것은 알사탕이었다. 이렇게 대여섯 번 남자의 손에 그것을 쥐여 주던 그녀는 갑자기 남자의 두 발에서 신발을 벗긴다. 그러고는 그 남자의 두 발을 자그마한 그리고 포동포동한 손으로 꼭 쥐고 있다가 주물러 준다. 손으로 발을 주무르면서 그 남자를 웃으며 쳐다보는 그녀의 모습은 너무나도 애교스럽고 귀여워 그를 보는 남자가 오히려 어색하고 부끄러움을 느꼈다.

어두워져가던 밤하늘에서 갑자기 작은 빗방울이 떨어졌다. 그녀는 계속하여 그 남자의 두 발을 마치 자기의 손의 따스한 온기로 덮여 주려는 듯이 때로는 손바닥을 펴 발을 덮어 주다가 때로는 안마라도 하는 것처럼 세심하게 주물러 주었다. 얼굴이 벌겋게 상기되고 숨까지 씩씩거리던 남자가 말도 없이 그녀의 손에서 발을 빼고는 제꺽 구두를 신었다.

"비가 오는데 집으로 빨리 가 보아야 될 일이 있어 나는 가겠소."

신발을 신자 남자는 무뚝뚝하게 말 한 마디를 남기고 어둠 속으로 걸어갔다.

"안녕히 가세요. 내일은 내가 먼저 와서 기다리겠어요. 어두운데 주의하세요."

약간 떨리는 목소리로 말하는 그녀의 인사가 들렸다. 그 다음날 그녀는 마치 약속은 꼭 지켜야 된다는 것을 보여 주기라도 하듯이 일찍 와서 남자가 앉았던 자리에 꽃을 새긴 아름다운 손수건까지 펴놓고 남자를 기다렸다. 심술을 부리기나 한 것처럼 그 남자는 날이 어두워져 주위가 잘 보이지 않는 때에 느릿느릿 걸어와 자리에 앉았다.

"어디가 아프세요? 아니면 무슨 기분 나쁜 일이라도 있으세요?"

여인은 너무나도 조용하여 겨우 들릴 만큼 부드러운 목소리로 말했다.

"아니오."

남자는 마지못해 무뚝뚝하게 대답하는 것 같았다. 그녀는 남자의 옆으로 바짝 다가앉아 그의 어깨에 기대면서 작은 손으로 엄청나게 큰 남자의 두 손을 꼭 잡아 주었다. 남자는 그러는 그녀의 아양에는 전혀 무관심한 듯이 커다란 온 몸을 그녀가 하는 대로 맡겨 버렸다. 손을 잡고 있던 그녀는 천천히 남자의 손을 하나씩 자기의 가슴에 넣으며 브래지어 밑에 숨어 있는 탄력이 있고 따스한 가슴을 쥐게 했다. 두 손을 모두 가슴을 쥐게 하고는 그 위에 자기의 손을 누르며 그대로 아무 말도 없이 달아오른 얼굴을 남자의 어깨에 기댔다. 한참이나 이런 자세로 앉아 있던 남자가 거의 불쾌하다는 듯한 말투와 목소리로 말했다.

"내일은 시간이 없어 못오겠으니 모레나 오겠는지 모르겠소. 그리 알고 마음대로 하오."

말을 남긴 뒤 남자는 곧바로 어둠 속으로 사라졌다.

그로부터 이틀이 지난 저녁 그녀가 그 나무 그 자리에서 앉아 기다리고 있는데 기울어 가는 햇빛에 구두를 번쩍이며 남자가 성큼성큼 걸어와서 그녀가 펴 놓은 손수건 위에 앉았다. 한참이나 말한 마디 없이 거의 차가운 눈으로 그녀를 보다가 남자가 그녀에게 쌀쌀하게 물었다.

"내가 이런 말을 묻는다고 하여 다르게는 생각하지 마오. 우리는 한 평생을 함께 살아야 할 부부간이 되어야 할 사이니 이제부터는 좋은 일이든 나쁜 일이든 서로간에 거짓말을 해서는 안 된다고 생각하오. 무엇 때문에 만나본 지가 몇 번 되지 않은 외간 남자인 나의 발을 주물러 주고 더욱이 여자가 남자의 두 손을 이끌어 처녀의 가슴을 쥐게 하였소? 나로서는 낯이 뜨거워 이 말만은 물어보지 않으려 했으나 이틀간이나 생각하여 물어보기로 하였소. 우리 사이에는 아직까지 말 밖에는 주고받은 것이 없기 때문에 여기서 헤어져도 서로 어색하고 미안한 것이야 없지 않소? 솔직히 말해 주어야 나도 나대로 앞일에 대하여 결정할 것이 아니겠소?"

그녀는 너무나 귀여운 눈으로 남자를 쳐다보면서 약간은 홍조를 띤 얼굴을 들고 말했다.

"제가 어머님을 만났을 때 어머님께서 '우리 아들은 허우대만 크지 날씨가 조금만 차가워도, 아니 손발만 차가워도 배가 아프다고 하고 그래서인지 이따금 설사도 하오. 처녀 앞에서 이런 말을 하는 것은 내 며느리가 될 사람이고 부부가 될 사이이니만큼 꼭 알려 주고 싶어 하는 말이니 손발이 차지 않게끔 명심하오.' 하고 나에게 말해 주었는데 날씨가 차가운데 내가 부끄럽다고 가만히 보고만 있어서야 되겠어요? 내가 줄 수 있는 것이라야 나의 두 손과 따스한 가슴뿐이 아니에요?"

그녀의 말을 다 듣고 난 남자는 그녀를 그 커다란 두 손으로 끌어안아 가슴에 품으면서 말했다.

"이렇게 훌륭한 여인을 내가 너무나 옹졸하게 생각했으니 무엇이라고 말했으면 좋을지 모르겠소. 우리 어머니가 겉보기가 속보기라고 하면서 너무나 칭찬하기 때문에 그 고운 얼굴로 어머니를 얼려 넘기지나 않았나 하고 나쁜 생각까지 하였댔구먼."

남자는 가슴이 으스러지기라도 할 것 같이 있는 힘껏 여인을 끌어안고 한참이나 그대로 앉아 있었다.

"나는 무슨 신중한 일이라도 생긴 것 같아 얼마나 근심했는지 몰라요. 우리 어머님이 '너를 데려가는 남자는 이 세상에서 제일 큰 복을 받는 사람이다.' 라고 항상 나를 칭찬했는데 이제는 나도 내가 나쁜 여자가 아니라는 것쯤은 말해도 되겠지요?"

그녀는 남자의 두 귀를 잡고 애무하는 것이었다. 이들은 빗방울이 떨어지는 것도 전혀 느끼지 못하고 달아오르는 두 가슴을 부둥켜안고 아무 말 없이 계속 앉아 있었다.

"여보세요, 내가 가장 사랑하는, 아니 귀중하게 생각하는 시를 오늘 읊어 드리겠어요."

생명은 한없이 고귀하여라.
허나 사랑을 위함이라면 생명도 바치리.

베떼피의 시가 비오는 야음 속에 뜨겁고도 진중하게 조용히 퍼져 나갔다.

결혼 후 닷새 만에

찬비가 내리던 을씨년스러운 초가을 저녁, 이 생각 저 생각 살아갈 일로 온갖 잡생각을 다하고 있을 때 내가 평소에 이따금 찾아와 얼굴이나 아는 한 청년이 이마와 눈두덩이 시퍼렇게 멍들어 부끄러워하는 어여쁜 여인의 손을 잡고 집으로 들어섰다. 청년은 그녀의 진단서를 떼어 달라고 부탁했다. 내가 그에게 무엇 때문에 진단서가 필요한지 물었다.

"시집 온 지가 열흘도 안 돼 저렇게 얼굴에 멍이 들었으니 어떻게 부끄러워 일하러 나가겠습니까?"

청년은 진단서의 용건을 말했다.

"아니 누가 무엇 때문에 저 지경으로 만들었소?"

내가 질문을 던졌다. 나의 말이 끝나자 그들 부부는 거의 동시에 갑자기 배를 끌어안고 웃기 시작하더니 미치지 않았나 하는 생각이 들 정도로 오랫동안 웃는 것이었다. 그 모습을 보고 매를 맞아 얼굴에 멍이 들었다고는 생각할 수도 없었다.

"선생님, 내가⋯⋯."

청년이 말을 시작하자 또 다시 배를 끌어안고 웃기 시작했다.

"제가 결혼식을 한 지 며칠 되지 않았습니다. 이 여자가 저의 처입니다."

남자는 여자를 나에게 인사시켰다. 그들이 결혼식을 한 다음날 직장 문제로 단칸방을 얻어 세를 냈는데 결혼식에 오지 못하였던 맏형이 동생 집도 보고 새로 맞은 제수도 볼 겸 삼십 리나 되는 길을 걸어 그들의 집에 도착한 때가 오후 3시 경이었다. 손바닥만한 작은 방안에 들고 온 짐을 옆에 놓고 원래부터 과묵하여 말하기 싫어하는 맏형이 한 시간나마 고개를 숙이고 앉아 있었다. 시숙이 왔는지라 새 각시는 있는 재간을 다하여 저녁 식사 준비를 하였다. 세상에 제일 어려운 사람이 시숙과 제수라고 하는데 이들은 말 한 마디 나누어 본 적도 없는 초면이라 더욱 어색하였다. 시숙이 하도 오랫동안 답답하게 앉아 있는 것을 보다 못한 새 각시가 그래도 용기를 내어 먼저 말했다.

"시아주버님께서 너무나 답답해하시는 것 같은데 차라리 가만 있지 마시고 룽두치기나 하십시오."

그 말을 하면서 새 각시는 그래도 웃으며 시숙을 쳐다보는데 시숙은 눈만 커지고 벌어진 입은 다물지 못한 채 한참 있다가 그대로 간다 온다는 말 한 마디 없이 나가버렸다. 두어 시간 지나 남편이 집에 들어서서 아내에게 물었다.

"형님이 오셨다는데 왜 보이지 않소?"

그의 처는 시아주버니가 집을 나간 지 두 시간도 넘었는데 어디로 갔는지 몰라서 자기도 답답해하는 중이라고 했다.

"아니, 이 근처에는 우리와 친척이 되는 집이라고는 하나도 없고 형님의 친구 되는 분도 없는데 어디로 갔을까? 그래, 형님이 아무 말도 없었소?"

남편이 재차 물었다. 아무 말 없이 그냥 나가버렸다는 그녀의 대답에 남편이 다시 캐물었다.

"그래, 너는 아무 말이래도 한 것이 없니? 형님이 나가서 들어오지 않는 것으로 보면 무슨 사연이 있는 것이 분명하다. 네가 한 마디라도 무슨 말을 하였는지 곰곰이 되짚어 봐라."

"내가 시아주버님이 말 한 마디 없이 너무 오랫동안 앉아 있는 것을 보고 보다 못하여 '답답한 것 같은데 그러지 말고 앉아서 롱두치기나 하십시오.' 하고 한 마디 말했어요."

그녀의 말이 끝나기도 전에 번개 같은 두 주먹이 그녀의 얼굴에 날아들었다.

"야, 이 빌어먹을 망종 같은 년아, 그 말이 무슨 말인데 아버지뻘이나 되는 맏형님께 했다는 말이야. 너 때문에 나는 이제 형님한테 죽게 되었다. 야! 이 미친년아, 네가 무슨 정신으로 그런 쌍말을 형님께 했니?"

남편은 미친 듯이 아내를 때리고 쌍말로 욕했다. 매 맞는 것은 생각하지도 못했듯이 그녀는 머리를 두 무릎에 숨기고 도무지 영문도 모르겠다는 뜻으로 말하였다.

"아니, 내가 당신에게 그 말이 무엇인가고 물었더니 당신이 나에게 어떻게 알려줬어요? 내가 당신이 말하던 대로 심심한데 그것이라도 하라고 한 것이 무슨 잘못이오? 내가 시집 온 다음 날부터 매나 맞으러 왔다는 말이오? 나는 이 자리에서 집으로 가겠소."

'룡두치기'라는 말은 남자들이 손으로 하는 자위행위를 의미하는 은어였다. 그들 부부는 그제야 얼마나 커다란 망신과 실수를 하였는가를 알아차리고는 앞뒤를 가릴 사이도 없이 맏형을 찾아가 엎드려 사죄하였다. 맏형도 너무나 어이가 없어 제수의 잔등을 두드려 주면서 형님이니 이 정도로 그칠 수 있었다고 하면서 이제부터는 말 한 마디라도 잘 알고 주의하라고 말해 주더라는 것이었다. 이번에는 삼 일만에 친정에 간 그들 두 사람이 친정아버지와 오빠들에게 대접 받기는 고사하고 매를 맞고 돌아왔다고 하면서 이야기를 끝냈다.

나도 그 말을 듣고 도무지 웃음을 멈출 수 없었다. 그들 두 사람도 또 다시 배를 끌어안고 끝없이 웃었다. 을씨년스러운 가을날의 적막과 불쾌감은 이 웃지 않고 넘기지 못할 그들의 만남으로 깨끗이 사라졌다.

제 2부

붉은 나라의 신기루

특별 강연회

시원하게 푸르른 하늘에는 흰 구름이 흘러가고, 내리쬐는 햇빛을 식혀 주듯이 시원한 바람이 푸른 잔디밭에 앉은 우리들에게로 불어왔다. 잠깐의 점심 휴식 시간이 끝나기도 전에 조용하고 차가운 당학교 부교장의 명령조의 목소리가 들려왔다.

"모두 빨리 회관에 3시까지 입장하시오."

당시의 당학교는 군사·정치 양면에 빈틈없는 간부를 양성하기 위해 말로는 사회인들을 위한 학교였지만, 실제로는 포와 중기관총을 갖춘 군사학교였다. 학생들은 군복무를 7-8년씩 하고 난 사람들이었지만, 당학교에서는 학생들에게 병사 각개 훈련에서부터 시작하여 방어 전투 시의 보병 중대와 공격 전투 시의 보병 중대의 지휘까지 할 수 있게 교육을 하였다. 오렌지색의 장교복 비슷한 군복과 당 마크를 팔에 달고, 규모 있고 씩씩하게 행진하는 당학교 군사반 학생들은 당시 선망의 대상이었다.

그런데 크나큰 회관에는 강연하는 사람은 없고, 우리가 앉은 정면 무대에 테이블이 놓여 있고, 그 테이블 위에 작은 녹음기가 놓여 있었다. 우리의 회관 입장이 끝나자 문을 잠그고 회관 안으로 다른 사람들은 얼씬도 못하게 단속을 했다.

'참 이상한 강연회다. 강연회가 아니라 무슨 비밀 모임 같다.'

이렇게 수군거리는 말소리를 들었는지 강연회를 집행하는 사람이 말했다.

"그렇습니다. 오늘 강연은 당신들만이 듣고 당신들만이 알아야 하는 특별 강연회입니다."

회관 안을 비추어 주던 조명등까지 꺼 버려 캄캄한 어둠 속에서 우렁우렁한 남자의 목소리가 들리기 시작했다.

"내가 김종항 고등교육상에게 대표단 책임자로 일본에 갔다 오라고 하여 일본에 갔다 온 김종항이가 나에게 한다는 소리가 '수령님! 일본에 가 보니 정말 깜짝 놀랐습니다. 일본이 발전한 것은 알고 있었지만 실제로 동경에 가 보니 우리가 생각했던 것보다 훨씬 발전했습니다. 그저 놀라기만 했습니다.' 하고 한심한 말을 해서 내가 '그래 동경에 가서 무엇을 보고 그렇게 놀랐어?' 하고 물었더니 '수령님! 동경에는 승용차가 끝이 없이 물결치고 있었습니다.' 라고 한심한 말을 한단 말이야."

말소리가 잠시 끊어지고 물컵을 테이블 위에 던지는 듯 놓는 소리가 거친 숨소리와 함께 녹음기에서 쏟아져 나왔다.

"이렇게 한심하단 말이야. 그래, 그 승용차가 모두 노동자와 농민이 타고 다니는 승용차인가? 보라는 것은 보지 않고 썩어 빠진 생각만 가지고 돌아왔으니 한심한 일이 아니야? 이런 놈은 우리 당에는 필요가 없단 말이야."

우렁우렁하고 목이 쉰 김일성의 말소리가 끝났다. 어느새 회관 안의 조명등도 켜지고 강연 진행자는 녹음기를 딸랑 들고 되도 돌아보지 않고 무대에서 사라졌다. 불과 10여분 만에 녹음 강연이 끝났다. 이때가 1971년 가을이었다.

북한의 200여개의 시, 군, 구역에서마다 '김일성 동지의 혁명 사상 연구실'을 건설하느라 모든 인력과 자원을 동원하던 때, 대표 단의 책임자로 일본을 방문했던 김종항은 귀환 보고 몇 마디에 인생이 바뀌었던 것이다.

왜 당학교 학생들에게 이 육성 녹음을 들려주었을까? 강연에 대해서는 단 한 마디의 해설도 없었고, 청취자들의 소감도 듣지 않고 끝났다. 강연을 통해서 들려주자는 것, 얻자는 것이 있었다면 소름 끼치는 협박이었을 것이다. 불세출의 태양 같다고 자처하는 일인 자가 나쁜 놈이라고 말하였을 때, 그 운명이 어떻게 되겠는가는 누구나 판단할 수 있을 것이다.

환상의 누각

저 멀리 북방의 바닷가에 청진이라는 인구가 백만을 헤아리는 도시가 수성벌에 자리 잡고 있다. 밤이고 낮이고 하늘에 검은 연기를 쏟아내고 해탄로(骸炭爐)가 자리 잡은 바닷가에는 때때로 흰 연기가 뭉게뭉게 솟아오른다.

제철소, 제강소, 조선소 등 이름 모를 수백 개의 공장들이 여기저기 자리 잡고 특별히 교통이 편리하고 공장도 없는 야산 옆에 도당 도안전국과도 같은 도급 기관들이 높다란 담장에 둘러싸여 위엄을 보인다.

청진에서 북쪽으로 백리 남짓하게 가면 부거라는 곳이 있다. 이름도 괴상한 부거라는 뜻은 부자도 많고 거지도 많았다 하여 붙여진 이름이다. 부거에서 서북쪽으로 5~6십리 가량 떨어진 곳에 사람이 겨우 지나갈 골짜기를 따라 가노라면 판장 온천이 있다. 교통이 불편하여 기차도 없고 버스도 없는 이곳은 말 그대로 야산에 피어 있는 갖가지 꽃들과 고요한 적막만이 깃들어 있는 목가적인 자연 그대로이다.

이 심심산골 온천에 도당 휴양소가 자리 잡고 있다. 말이 도당 휴양소이지 도당과 연계 있는 사람이면 여기에 휴양도 올 수 있다. 내가 여기서 며칠간 휴양 겸 치료 겸 보낼 때였다.

7~8명쯤 되는 사람들이 양지 바른 산기슭 잔디밭 위에서 열정적으로 손짓까지 해가며 때로는 그림까지도 그려가면서 그 무엇인가를 설명하고 있었다.

"세계에서 제일 값비싸고 좋은 집은 미국 뉴욕의 맨하탄에 있다."

한 사람이 말하자,

"아니야! 영국 런던에 있는 왕궁이야."

제가끔 제 말이 옳다고 하며 말다툼이라도 할 듯이 소리까지 질렀다.

"내가 알기에는, 아니 내가 본 것으로는 청진 남쪽에 있는 주을이라는 곳에 있는 특각이요. 주을이라는 말은 여진족 말인데 우리의 말로는 온천이라는 뜻이요. 이 온천은 라돈 온천으로 그 물에 목욕만 해도 목욕을 했다는 것이 대번에 나타나는데 머리카락은 기름을 바른 듯이 반짝이오. 주을 온천에는 요양소, 휴양소가 많고 전국적으로 갖가지 병을 다 가진 사람들이 치료하려고 오는 곳이요. 거기서 4~5십리 서쪽으로 함경산맥의 골짜기를 따라 올라 가노라면 상온포라는 곳이 있는데 여기에는 지금도 외국인들이 살고 있었던 뾰족한 지붕을 가진 양옥들이 상당히 많이 있소."

도당 경리과에서 일한다는 그 사람은 말을 하며 여과 담배 한 갑을 꺼내 자기도 피워 물고 사람들에게도 권했다.

　"내가 본 집이나 건물 중에는 이보다도 더 값비싸고 훌륭하게 지은 집은 없을 것 같소. 내 말을 들어 보면서 계산을 해 보시오. 여기에 있는 특각은 말 그대로 천상에서나 볼 수 있는 환상의 누각이요. 이 자그마한 집은 지상 1층, 지하 1층의 건물인데 출입문 좌우에 놓여 있는 돌로 된 화분만 해도 1등 석공에 2년에 걸쳐서야 만들었고, 그 집 방안은 사면이 모두 최고급 펄프로 압착 미장하여 방안의 습도를 자동으로 조절되게 하였소. 벽 안에는 황금보다도 비싸다고 하는 저 멀리 시베리아에서 가져 왔다는 세계에서 제일 좋은 사향이 수없이 수없이 들어 있소. 사방에 풍기는 사향 냄새로 정신은 맑아지고 심장은 숨만 쉬고 있어도 튼튼해진다고 하니 얼마나 비싸고 귀한 집인가는 짐작되지 않소? 한여름에 창문을 열어도 모기나 파리 한 마리도 그 강렬한 사향 냄새 때문에 들어가지도 못하오. 이 특각에는 단 세 명만 들어갈 수가 있을 뿐인데 수령님과 지도자 동지와 수령님의 동생이신 김영주뿐이오. 더욱 대단한 것은 이 자그마한 특각 하나를 위해 호외국의 한 개 여단 수천 명의 장병이 지키고 있다는 것이오. 호위국 여단을 위해 커다란 회관과 수백 동의 군관 사택, 병사들이 살고 있는 숙소와 수많은 병실과 병원이 있소. 특각 하나를 위하여 얼마나 엄청난 것이 있는지를 알 만하지 않소? 호위국 여단이 이 특각을 지키려고 가지고 있는 총과 대포와 미사일의 값까지 계산하면 특각 안에 들어 있는 세계 각지에서 모아 온 사향은 제쳐 놓고도 그 값이 얼마나 많은 돈이 들었는지 알 수 있지 않소? 그래도 세상에서 이보다 더 귀중하다고 할 만한, 아니 이보다 더 값이 비싸다고 할 수 있는 집이 있겠소?"

그 사람은 다소 진중한 표정으로 말했다. 그의 말에 다른 사람들은 더는 다른 말을 못하고 수긍한다는 듯이 고개를 끄덕였다.

"자그마한 집 한 채에 수많은 사향이 들어가고, 수천 명의 총과 대포를 가지고 지킨다고 하니 세상에서 제일 귀중하고 값비싼 집이라는 말이 아마도 옳은 것 같소. 천상에서나 볼 수 있는 환상적인 누각이 그렇게도 외진 이름도 모르는 산골에 있다니 정말 놀랍기만 하구만."

한 사람이 깜짝 놀랐다는 듯이 눈도 크게 뜨면서 말했다.

귀향

오십대쯤 되는 여인이 마치, 하모니카처럼 줄줄이 밀집되어 있는 나지막하고 음침한 집들 사이로 웬 여인의 손을 이끌고 집으로 들어갔다. 자그마한 두 칸짜리 집의 방안에는 소위의 군장을 단 군관과 그 옆에는 누리끼리 한 얼굴에 움푹 패인 두 눈을 크게 뜬 병사복을 입은 남자가 앉아 있다. 그 병상의 나이를 겉모습만 보아서는 도무지 짐작할 수 없다.

두 여인이 방안에 들어와 자리에 앉으면서 그 병사에게 말했다.

"네가 내 아들이 옳다면 이 아주머니가 어느 집 아주머니인지 말을 해 보아라."

그 말이 끝나자 곧바로 병사가 말했다.

"경식이 어머니구만요."

경식이 어머니라고 불리는 여인이 도무지 무슨 일인지 짐작이 가지 않아 물었다.

"아니, 무슨 사람들인데 도대체 내가 누구인가를 왜 물어보는

가?"

　"경식이 어머니, 세상에 이렇게 한심한 일이 벌어질 줄이야 짐작이나 했겠소? 경식이 엄마도 알지만 우리 아들애가 여기에 앉아 있는 이 애라고 누가 믿겠소? 군대에 간다고 보냈더니 굶어 죽게 되어 산송장이 된 것을 집에 데려와서는 나보고 건강을 회복시켜 부대에 돌려보내라고 하오. 이 애가 우리 아들애가 옳은지 십팔 년을 키운 어미도 몰라보게 여위고 변하였으니 너무나 한심해서 경식이 어머니가 와서 직접 보고 경식이만은 군대에 내보내지 말라고 데려왔소. 한 삼십여 분 전에 이 사람들이 우리 집에 들어오길래 내가 누구 집인데 이렇게 들어오느냐고 물어보니 우리 애 이름을 대더구면. 이 군관에게 우리 아들애가 어디 있느냐고 내가 물어보니 이 애를 가리키면서 자기의 아들도 모르느냐고 오히려 소리를 높이니 내가 너무나 한심하여 언쟁을 하였소. 세상에 군대가 먹지 못하여 영양실조에 빠져 산송장이 되어 집으로 보내니 무엇이라 말해야 되겠소. 아니 지금 사방에 굶어 죽는 사람뿐이고 나도 당장 굶어 죽을 판인데 송장이 다 된 아들을 내가 무엇을 먹여 회복시키라는 것인지? 이런 억지다짐을 하니 세상에 이런 법이 어디 있소."

　말을 끝내면서 여인은 일어서서 군관의 어깨를 잡고 울음 섞인 목소리로 고함을 질렀다.

　"야, 이놈아 빨리 나가라, 아들 하나 죽은 셈 칠 테니 네가 이 애의 소대장이라니 네가 데리고 가서 죽이든 먹여 살리든 네 하고 싶은 대로 해라. 나는 이 애를 살리기는 고사하고 나도 며칠 살 것 같지 않으니 빨리 이 집에서 나가라."

　군관이 움직이지 않자 여인이 그의 군모를 벗겨 밖으로 내던지
며 울고불고 야단이다.

　"야, 이 개놈아, 빨리 이 집에서 나가라. 네가 나가지 않으면 내
가 이 자리에서 죽어 버리겠다."

　높아진 목소리에 하나 둘 사람들이 모여들자 군관은 간다 온다
소리도 없이 조용히 자리를 뜨고 어머니와 아들만이 부둥켜안고
울었다.

수령님의 충성탑

"자재 지도원과 공무 반장을 당장 여기로 오라고 하시오."

땅딸막한 사나이가 사무실 한쪽에서 장부를 뒤져 보는 여자에게 소리치다시피 신경질적으로 말했다. 그녀는 소리치는 사람을 흘깃 쳐다보고 일어서서 사무실에서 나갔다. 몇 분 후 두 남자가 사무실로 거의 동시에 들어서며 고개를 숙여 가벼운 인사를 했다.

"지배인이 출장 가셨다가 오셨다는 말은 들었습니다. 갔던 일은 다 잘 되었습니까?"

한 사나이가 인사말을 했다. 그의 말에는 전혀 무관심하고 키 작은 사나이가 피우던 담배를 손에 든 채 자재 지도원을 매섭게 바라보며 쏘아붙였다.

"자재 지도원, 내가 제철소에서 가져 왔던 철판이 왜 보이지 않소? 그 철판을 어디에 옮겨 놓았소?"

그러나 자재 지도원은 대답은 커녕 창문 밖에만 시선을 돌리고 벙어리마냥 서 있다.

"여보, 공무 반장, 반장은 그 철판을 보지 못했소? 열 톤이나 되는 철판이 왜 한 장도 보이지 않소? 그래 그렇게 장승처럼 서서 말을 안 할 셈이오?"

지배인이 이번에는 자기 앞에 있는 책상을 마치 깨기라도 하려는 듯 주먹으로 내리쳤다.

"빨리 말하지 못하겠소? 내가 도적 맞았다고 분주소(남한의 파출소)에 신고를 하여 해명을 해야 되겠소?"

사태가 심상치 않다는 것을 알아차린 자재 지도원이 말했다.

"우리 보고 그렇게 야단을 하시면 어디 견디겠습니까? 고래 싸움에 새우만 죽는다고 우리에게 그렇게 소리를 지르면 됩니까? 그 철판을 마음대로 쓰고 싶은 데 쓸 수 있는 사람이 누구라는 것을 지배인이 몰라서 우리에게 야단입니까? 당비서가 자기가 책임을 진다고 하면서 다 써버렸는데 우리 보고 야단하지 말고 책임지겠다는 당비서에게나 가시어 해명하십시오. 우리는 이제는 말할 것은 다 말하였으니 돌아가 일이나 하겠습니다."

그 사나이가 방에서 나가자 다른 사람도 그를 따라 나가며 지배인에게 고개를 숙여 인사를 했다. 그들이 나가자 지배인이 피우던 담배를 재떨이에 그대로 버리고 쌩하니 밖으로 나간다. 그는 붉은색 페인트로 "연구실"이라고 쓴 간판이 걸린 희고 커다란 건물 안으로 들어갔다.

"초급 당비서는 공장의 형편을 알면서 그 철판을 딴 데다 썼다는 말입니까? 내가 그 철판을 얻어오느라고 우리 공장에서 생산되는 제품을 빼돌린다고 검찰소와 안전부에 불려가서는 욕은 얼마나 먹고 비판서는 얼마나 많이 썼습니까? 감옥에 보낸다, 해임시킨다고 하면서 군당에서는 얼마나 들볶아 대었습니까? 백 명이나 되는 노동자들이 일을 못하게 되었는데 이제는 어떻게 하려고 합니까? 그 철판으로 발효 탱크와 정제 탱크를 만들어야 공장이 돌아간다는 것을 번연히 알면서도 그런 짓을 한다는 말입니까?"

지배인이 숨 쉴 사이도 없이 빠른 말투로 내뱉었다.

"이제 보니까 지배인이 이렇게까지 한심하고 형편없는 사람이구만. 내가 누구요? 그래, 당비서를 어떻게 보고 게사니(거위)처럼 꽥꽥거리오? 언제부터 당 비서가 지배인이 이렇게 하라 하면 이렇게 하고 저렇게 하라고 하면 저렇게 하게 되었소? 이제 보니 당에 대하여 우습게 보는 정도로 배짱이 자랐구먼."

당비서가 느릿느릿 마치 놀리기라도 하듯 피우고 있던 여과 담배를 천천히 재떨이에 재를 털어버렸다.

"당비서이면 당비서이지 이렇게 사람을 깔보아도 되는 거요? 그래, 당신이 공장을 위해 철판 한 장, 못 한 대 얻어 온 적이 있소? 내가 법 기관에 불려 가고 군당에 가서 비판서를 쓸 때에는 보는 척도 하지 않다가 내가 목을 내놓을 작정까지 하면서 얻어 온 철판이니까 그만한 철판을 가져다 놓던지 노동자들이 아무 일이라도 할 수 있게 오늘 중으로 하시오. 내가 그렇게 많은 우리 공장 제품을 주고 철판을 생산용 탱크를 만들겠다고 하면서 얻어왔는데 이제 공장 설비를 만들지 못하면 나는 검찰에서 검열을 와도 구실을 댈 수도 없고 법에서도 나를 용서하지 않을 것이오. 그래, 당비서가 그때 나서겠소?"

"그래, 어떤 사람이 충성탑을 만드느라고 그 철판을 썼다는데 감히 시비를 할 수 있는 말이오? 그래, 생산이 좀 지장을 받더라도 위대한 수령님의 충성탑을 만드는 게 잘못됐다고 말을 할 수 있는 사람이 있으면 내 앞에 데려다 놓소. 모든 것을 내가 책임질 테니 지배인은 푹 쉬시오."

당비서가 사상 체계를 코에 걸고 생억지를 썼다.

"그러면 이 달부터는 모든 생산을 당비서가 책임지시오. 나는 비서가 시키는 대로나 하겠으니 그리 아시고 마음대로 하시오. 제꺽하면 남을 걸고 자빠지려고 하는데 제발 이제는 그만 두시오."

지배인도 당비서의 생억지에 두 손을 들고 말았다. 그 후 문제가 더욱 격화되고 심화되자 당비서가 지배인이 수령님의 충성탑을 만드는 데 자재를 쓴 것을 가지고 당 조직에 시비를 하는 사람이라고 상급당에 보고했다. 결과 지배인은 사상이 모호하다는 평가를 받고 도시의 외딴 곳에 자리 잡은 자그마한 공장의 노동자로 해임 철직되어 쫓겨 가는 신세가 되었다. 한편 당비서는 어려운 조건에서도 충성탑을 남보다 먼저 그리고 잘 만들었다고 보고되어 모범으로 소개되고 위로부터는 감사까지 받는 해프닝이 벌어졌으나 그 누구도 감히 시비를 할 수 없었다.

가는 곳마다 이런 웃음거리 같은 짓들이 벌어지고 있으나 사상 체계에 걸기만 하면 걸리게 되어 비참한 운명에 처하게 된다는 것을 사람들은 너무나도 잘 알고 있어서 감히 누구도 말하지 못하고 있다. 이것이 내가 살던 꿈에도 그리운 고향에서 매일같이 벌어지는 일이다.

여름날 초저녁에

파도 소리가 거의 규칙적으로 들리고 훈훈한 여름의 바닷바람이 창가에도 불어드는 자그마한 진료소이다. 진료소장이 두 명의 간호사와 무엇인가 아주 다정한 모양으로 이야기를 나누고 있었다. 붉은 석양이 비치는 바닷가의 희고 자그마한 이 건물은 백사장 위의 여기저기 피어 있는 붉은 해당화 꽃과 어울려 그야말로 감상적이다. 그들이 이야기에 열중하고 있을 때 곱슬머리에 키가 다소 큰 잘생긴 남자가 번쩍이는 구두를 신고 검은색 양복을 깨끗하게 차려 입고 진료소에 들어섰다.

세 사람이 거의 동시에 일어나서 웃는 모습으로 인사말을 건넸다.

"내가 진료소장과 중요하게 토론할 문제가 있으니 자리를 비켜주어야 되겠소."

그들의 인사가 끝나자 방금 들어선 사나이가 거의 명령조 말투로 말했다.

"보위 지도원이 비키라는데 우리 같은 하졸들이야 재간이 있
나."

라고 말하며 한 간호사가 다른 간호사의 손을 잡고 조용히 나가
면서 문을 닫았다. 보위부 지도원이 창문까지 닫으면서 주위를 살
피더니 진료소장을 마주하여 앉았다.

"소장 선생, 내 말을 명심하여 듣고 2~3일 내로 집행해야 합니
다."

방금 들어 왔던 사나이가 정중하고 엄숙한 말투를 쓰며 제법 격
식을 차리며 말했다.

"아니 내가 보위부 사람도 아닌데 보위부에서 무슨 권한으로 나
에게 이렇게 저렇게 해라 하고 간섭합니까?"

진료소장이 다소 불만스러운 듯이 대꾸했다.

"내가 하는 말은 보위부의 지시가 아니고 국가적으로 무조건적
으로 해야 되는 시비할 수 없는 중대한 문제요. 나의 말을 사업 일
지에도 적지 말고 보건과에도 알려서는 안 되오. 간호사들도 물론
알아서는 안 되는 문제요. 거의나 절대적인 비밀로 지켜야 하오.
내일부터는 다른 일을 잠시 중단하고라도 내가 맡은 관할 구역 안
에서 폐결핵, 간염과 같은 전염시킬 수 있는 환자와 고혈압, 전간
병 환자와 같은 갑작스러운 병을 앓을 수 있는 사람들의 명단을 작
성하여 나에게 주시오. 여기에는 당일군이든 안전원이든 농장원이
든 누구라도 빼놓아서는 안 되오. 그리 알고 무조건 집행하시오.
아니 군당 교육부에도 알리지 마시오. 모든 것은 내가 책임질 테니

다른 생각은 마시오."

보위 지도원은 말을 끝내며 호주머니에서 여과 담배 한 갑을 소장에게 내놓았다.

"보위부에서 무엇 때문에 이런 명단이 필요한지 나로서는 도무지 짐작조차 가지 않는구먼. 나를 믿고 알려 주면 안 됩니까?"

소장이 답답한 듯 말했다.

"진료소장! 인층 1호 행사가 있다고 평양에서 연락이 왔소. 수령님의 건강과 관계되는 신중한 문제가 아니겠소. 또 행사 중에 우발적인 환자가 생겨 수령님께 심려를 끼쳐 드려서야 되겠소. 1호 행사라고 하면 국가적으로도 첫 번째로 중요하게 보는 문제가 아니오. 소장도 알다시피 1호 행사에 동원되는 쓰레기차라 해도 안전원들은 단속하지 못하도록 그 누구도 간섭할 수 없는 절대적인 국가 행사라는 말입니다."

검은 양복을 차려 입고 거드름을 피우면서 보위부 지도원은 거의 훈계하는 어조로 자기 딴에는 위엄 있게 말을 끝내고는 간다는 인사도 없이 나가 버렸다. 진료소장은 보위부의 요구대로 명단을 하루 만에 작성하여 보위부 지도원에게 넘겨주었다. 명단을 넘겨받으면서 보위부 지도원이 또 자랑을 했다.

"수고했소. 우리 일을 많이 도와주면 소장도 유리할 것이오. 무슨 문제가 생기면 우리보다는 더 힘을 쓸 만한 곳은 없을 것이오."

그로부터 며칠이 지난 날 저녁이었다. 진료소장이 진료소에서 일을 끝내고 자전거를 타고 집으로 돌아가기 위해 시내로 들어서서 도시를 꿰지르는 철길 건널목에서 40~50미터 되는 곳에 도착했을 때였다.

100여 명쯤 되는 무리의 사람들이 길 한 가운데서 시내로 들어가지는 않고 서성거리고 있었다. 그가 자전거에서 내려 사람들에게 왜 가지 않고 여기 서 있느냐고 물었더니 자기들도 잘 모르는데 국가 보위부에서 내려왔다는 사람이 가지 못하게 한다면서 웬 사나이를 손으로 가리켰다. 그가 가리키는 쪽에는 검은 양복 차림의 30대 두 남자가 길에서 떨어져 서성거리고 있었다. 그가 자전거에서 내려 담배를 피워 무는데 노란 견장을 달고 자전거를 타고 오는 안전원 한 사람이 보였다.

"여보시오, 안전원이면 눈치가 있어야지. 저 사람들이 보이지 않소? 자전거에서 내려 저 사람들처럼 기다리시오."

길 가운데서 서성거리던 남자가 소리쳤다.

"여보, 당신이 누구인데 나보고 이래라 저래라 하면서 야단이오?"

안전원이 자전거를 탄 채로 소리쳤다.

"야, 이 민충이 같은 놈아, 개 대가리보다 둔한 대가리로 어떻게 안전원을 해먹니? 안전원 놈들 속에서 평양이고 촌이고 똑똑한 놈을 못 봤다. 그 대가리로 어떻게 대위까지 달았니? 깜장 콩알 맛을 보기 전에 자전거에서 내려라. 국가 보위부에서 괜히 여기에 와서 있는 줄 아니?"

차마 사람이 할 수 없는 욕설과 모욕을 거침없이 내뿜으며 보위부 요원이라는 것을 으스대며 교만을 부렸다. 그 모습을 보던 사람들이 고양이 앞의 쥐처럼 꼼짝 못하고 서 있는 안전원을 보고 입을 싸쥐고 웃었다.

평소에 하늘 아래에는 저보다 높은 놈이 어디 있겠느냐 하는 듯이 으스대던 50대의 안전원이 30대의 새파란 젊은 사람 앞에서 찍소리 못하고 당하는 것을 보는 사람들은 무지막지한 권력의 힘에 대하여 전율을 느꼈다.

날이 어느덧 어두워지기 시작하여 사람들의 형체나 겨우 분간할 수 있는 그때 여인들의 잔등에 업은 아이들이 울고 70대의 수염이 허연 노인들이 헛기침을 하면서 무언중에 불만을 토로했다. 그때 군관복 차림의 사람과 병사복을 입은 사람이 정보 행진을 하듯이 빠른 걸음으로 한 무리의 사람들 앞으로 지나갔다.

"여보 군관, 사람들이 서 있는 것이 안 보여? 거기 서란 말이야."

명령조로 말하는 소리가 들렸다.

"어떤 놈이 게사니처럼 꽥꽥 거리면서 지랄이야?"

군관이 소리만 칠 뿐 그냥 가려고 했다.

"야, 군대면 다야? 국가 보위부에서 보통 일에 이렇게 나서는 것을 보았니? 건방지게 놀지 말고 당장 서라."

조금도 지지 않고 보위부에서 왔다는 사람이 목이 터져라 소리 쳤다.

"야, 이 개새끼야, 국가 보위부면 다야? 사유는 설명하지 않고 사람을 놀리는 거야? 보위부라고 한 번 내 앞에서 더 우쭐거려 봐라, 주먹에 코뼈가 부러져야 정신이 들겠니? 어디서 촌뜨기 같은 놈이 보위부에 들어가더니 으스대기부터 하는구나."

말을 하면서 뛰어갔던 군관이 보위부원의 멱살을 틀어잡고 그의 목을 사정없이 휘둘러댔다.

"야, 이 새끼야, 내 앞에서 한 번 또 소리쳐 봐라. 쥐새끼 같은 놈아, 도대체 무슨 일이야?"

군관이 물으며 손을 놓았다.

"1호 행사를 하는 중이다."

보위부원이 아예 망나니 같이 덤비는 20대의 젊은 군관이 어떤 일을 저지를지 모른다는 생각에 겁에 질려 체면 차릴 사이도 없이 자리를 멀리 비켰다. 그들의 말싸움을 보는 그때 초록색의 디젤 기관차가 깨끗한 열차들로만 편성된 열차를 쏜살같이 끌고 지나갔다. 조금 후 또 한 편의 열차가 지나가자 그제야 사람들을 시내로 들어가도록 허락했다. 어둠 속에서 낮은 소리로 누군가 말하는 소리가 들렸다.

"1호 행사가 없어져야지. 이렇게 하고야 사람들이 어떻게 견디겠소?"

"목이 몇 개가 되어 그런 말을 하오? 두 번 다시는 그런 말은 하지 마시오. 이 안전원도 보위부 사람 앞에서는 꼼짝도 못 하는 것을 보고도 그러오?"

하는 소리가 겨우 들렸다.

너무도 무더운 여름날

7월이라 하지만 어찌나 더운지 가만히 앉아 있어도 땀이 줄줄 흘러내리고 몸에는 허옇게 소금기가 돋아난다. 열려진 창문으로 방안보다도 더운 공기가 열풍처럼 들어온다. 어느 남자가 책상을 마주 하고 앉은 채 등받이에 잔등을 기대고 더운 것은 전혀 개의치 않는다는 듯이 마주 앉은 여인을 싸늘한 눈으로 쏘아보고 있었다. 그의 입가와 눈가에는 조소 비슷한 것이 깃들었다.

"아주머니는 안전원이 이렇게 더운 날에 할 일이 없어서 오라고 한 것이 아니라는 것쯤은 알고 있겠지? 아주머니가 아니 남편까지도 포함하여 무엇을 잘못하였는가를 잘 알고 있는데 지금부터는 진술서를 써야 되겠소, 진술서는 가정 싸움이나 좀도적질을 한 사람에게만 쓰게 하는 것이 아니라 법에서 사건으로 취급할 때 쓰게 되는 것이오. 따라서 아주머니가 쓰고 싶으면 쓰기 싫으면 안 써도 되는 것이 아니오. 진술서를 빨리 쓰고 여기서 빨리 나가는 것이 아주머니도 그렇고 남편도 유리하오. 떡은 갈수록 줄어들고 말은 갈수록 보태어진다고 하오. 아주머니가 여기에 몇 번 드나들면 짐작하지도 못할 엄청나게 나쁜 것들만 보태지게 될 것이오. 이미 알고 있는 잘못된 것을 여기다 쓰시오."

안전원이 쥐 앞의 고양이처럼 반은 여인을 조롱하듯 하면서도 반은 엄포를 놓으며 여인을 위협했다. 말과 함께 그는 여인의 손앞에 몇 장의 종이와 연필을 내밀었다. 그러자 여인이 남자의 위세 같은 것은 전혀 무시하는 듯 큰 소리까지 탕탕 쳤다.

"내가 잘못한 것이 있으면 잡아가시오. 내가 무슨 도적질을 했소? 강도질을 했소? 별 꼴을 다 보겠네."

"이 여자가 무엇을 믿고 이렇게 큰 소리야? 내가 증인이나 증거를 들이대야 정신을 차리겠니? 한 동네에서 산다고 조용하게 처리해 주자고 이렇게 하는데 자기 쪽에서 큰소리야. 잔말 말고 망신당하기 전에 빨리 쓰는 것이 좋을 것이야. 네가 정 소원이라면 너와 바람을 피운 남자들을 다 붙잡아 놓고 많은 사람들 앞에서 조사를 하겠다."

안전원이 정색을 하면서 말하였다.

"아니 남의 집 가정일까지도 안전원이 조사를 하오? 여편네가 바람피웠다는 헛소리만 잔뜩 모아 가지고 조사를 하겠다고 으름장을 놓으면 누가 눈 하나 깜짝할 줄 알아?"

남자가 반말로 나오자 그녀도 반말로 대꾸하는 것으로 보아 만만치 않은 여인 같았다.

"아니, 여보시오 사모님. 남편의 체면도 있고 하여 조용히 처리하자고 하는데 이렇게 하면 문제가 달라지오. 증인들의 진술만 가지고도 사모님은 추방을 보낼 수 있소, 또 그렇게 되면 남편과 이혼하든가 아니면 남편이 사모님을 따라 산골에 가서 나무나 베는 벌목공이 되는 길 밖에는 없소. 이제 내 말을 알아듣겠소?"

안전원은 야유 절반 엄포 절반의 말을 했다. 조금 전까지도 기세 등등하던 여인이 그 말을 듣고 전보다 훨씬 누그러진 목소리로 대답했다.

"쓰라는 대로 쓰겠으니 나는 도무지 생각나는 것이 없는데 알려라도 주시오."

갑자기 사나이가 일어서면서 창문을 닫고 여인한테로 다가갔다. 그의 갑작스런 행동에 놀라서 벌떡 일어선 여인은 그를 쳐다만 보고 있는데 남자가 다가와 말한다.

"미안하지만 치마를 올리시오."

당황한 그녀가 물었다.

"백주에 도대체 무슨 짓을 하자는 겁니까?"

"내가 법에 어긋나는 행동을 하면 아주머니도 법에다 고소하시오. 내가 지금 요구하는 것은 법관으로서 권한 대로 하자는 것뿐이오. 아주머니가 정 소원하면 다른 사람을 증인으로 불러다 놓고 음부에 뜸을 뜬 것을 사진을 찍겠소. 이제는 내가 내 눈으로만 확인하고 조용하게 처리하겠다는 것이 사실이라는 것을 믿겠소?"

안전원이 얼굴을 실룩거리며 거의 강압적인 자세로 말했다. 그제야 여인이 낮은 소리로 수긍한다는 뜻을 내비쳤다.

"한 번만 보면 다시는 보지 않아도 되요?"

그녀의 말과 함께 그녀가 치마를 쳐들어 올리자 희고 비교적 커다란 배가 약간 아래로 처지고 그녀가 입은 삼각팬티 아래에는 희고 멀쑥한 탄력 있는 허벅지가 보였다.

"아주머니도 아직은 생생한 청춘기이구만."

안전원이 그녀가 입고 있는 팬티를 아래로 내리면서 벗겼다. 반사적으로 남자의 손을 쥐려던 여인은 맥없이 손길을 멈추고 될 대로 되라는 듯이 부동의 자세로 서 있다. 팬티가 벗겨지자 음부의 한 가운데 손톱만 한 크기로 음모가 없고 진물이 보이는 뜸자리가 확연히 보였다. 반쯤 미소를 띤 얼굴로 무슨 미술 작품이라도 감상하듯이 그 사나이는 뚫어져라 쳐다보았다. 그러면서 마치 법의 감정의사라도 되는 듯이 책상 위에 있던 자막대를 가지고 뜸자리에서 배꼽까지 허벅지까지의 거리를 재보았다. 남자의 손이 닿을 때마다 그녀는 전기에라도 감전된 것처럼 반사적인 움직임을 가볍게 했다. 한참이나 그녀가 부끄러워하는 얼굴과 음부를 번갈아 가며 보던 남자는 본능적인 음탕한 눈길로 그녀를 보면서 말했다.

"이제는 다 되었소."

마치 어린애를 돌보아 주는 것처럼 그녀의 내려진 팬티를 천천히 그리고 마치 조심이라도 하듯이 입혀 주었다.

"이제는 여기 앉아서 진술서를 쓰시오. 다음 일은 내가 책임지고 다 할 테니 다른 근심을 아예 마시오. 그리고 앞으로 남편이 행패를 부리면 내가 도와주겠으니 아무 때라도 좋으니 나한테로 찾아오시오."

처음 그녀와 만났을 때의 차갑고 쌀쌀한 분위기는 가뭇없이 사라지고 다소 친근한 사이라도 된 것 같은 분위기가 돌면서 두 사람은 마주 앉았다.

"종이의 제일 위에 진술서라고 쓰고 남편이 행패를 부리며 강제로 음부에 뜸을 떴고 그 후과로 여러 날 고생하였다고 사실 그대로 쓰시오. 그리고 남편이 바람을 피웠다고 트집을 잡은 것은 아예 쓰지 마시오. 아주머니에게 불리하게 될 수 있기 때문이오."

안전원은 여인에게 어떻게 진술서를 쓰는지를 알려 주었다. 십여 분이 지나자 그녀가 다 쓴 종이를 내밀자 이름과 날짜를 쓰고 손도장을 찍으라고 하여 그녀가 그렇게 하였다.

"내일 오후 3시에 진료소에 오시오. 선생이 잘 치료해 줄 수 있게 내가 미리 말하고 기다리겠으니 그리 알고 시간을 지키시오."

그의 말이 끝나자 그녀가 말했다.

"이젠 괜찮으니 진료소는 가지 않겠어요."

"아니오. 싫든 좋든 무조선 와야 되오. 치료도 치료지만 의사가 치료하였다는 증거를 남겨야 된다는 것입니다. 오지 않으면 안 됩니다."

안전원이 조금 전과는 달리 자못 신중하게 말했다. 그가 말한 대로 그녀는 다음날 진료소에 가서 두 남자가 보는 수치를 당하면서도 억지로 치료를 받았다.

사실은 이렇게 된 일이었다.

남편은 병원에서 일하고, 의료기구 기사로 일하는 그녀는 비록 가정부인이었지만 멀끔한 얼굴에 쭉 빠진 체격이 남자들의 눈길을 끌었다. 사실인지는 모르나 남녀간의 문제를 놓고 부부간의 싸움이 잦았다. 그런데 하루는 남편이 그녀가 불륜 관계가 있다는 말을 듣고 술을 마셔 취한 길에 억지를 쓰면서 그녀의 버릇을 뗀다고 하면서 그녀를 강제로 눕혀 놓고 깔고 앉아서 음부에 뜸을 떴다. 그들 부부는 이것을 창피하게 여겨 그 이후로는 다시 다투지도 않고 이것에 대해 더 말을 꺼내지도 않았다. 그런데 하루는 이웃집 여인이 돈 꾸러 여인의 집에 찾아와 문을 열고 들어오는 바람에 누워 있던 여자의 치마가 들리면서 음부가 보였다.

"아니 밝은 대낮에 남편도 없는데 왜 맨 치마만 입고 있어요?" 돈을 꾸러 온 여인이 호기심으로 물어보았다. 그러자 누워 있던 여인이 남편이 억지로 뜸을 떠서 그 자리가 곪은 것 같은데 팬티를 입으면 상처가 달라붙어 그리고 날씨가 너무 더워 땀이 흘러 쓰리고 아프기 때문에 그런다고 하였다. 공교롭게도 돈을 꾸어주지 않자 그녀는 집으로 돌아가던 중 길가에서 만나게 된 안전원에게 입을 싸쥐고 웃으며 방금 보고 들은 것을 말하였다. 법적으로 이런 행위가 "경상해죄"라는 법조항에 걸린다는 것을 알게 된 안전원이 범죄자 한 명을 입건할 수 있다는 생각을 하면서 조사를 시작하였다.

한편으로는 평소에 그녀의 남편이 자기에게 건방지게 대한다며 아니꼽게 생각하던 차에 그의 기를 꺾을 기회가 얻게 된 것이다. 애초의 약속과 달리 안전원은 그녀의 남편을 형사 사건으로 입건

시켜 남편은 "경상해죄"로 감옥에 갔고, 그녀는 범죄자의 가족이라 하여 백 리도 더 되는 깊은 산골 농촌에 추방되었다. 그녀는 추방되어 가면서 그 안전원을 보고 "강약부동(强弱不同)"이라는 말도 있지만 걸어가던 안전원의 앞을 막고는 막말로 행패를 부렸다.

"여자가 원한을 품으면 오뉴월에도 서리친다는 말을 잊지 말고 조심하오. 미친개처럼 이리저리 날뛰다가 나 같은 여자만 보면 여자들의 팬티나 벗기고 여자들의 그것이나 침을 흘리며 쳐다보는 주제에 얼마나 잘 되는가 내가 지켜보겠소."

빚진 종이라고 그렇게도 으스대던 안전원도 앞뒤를 가리지 않은 그녀 앞에서는 다시는 되돌려 씻지 못할 모욕을 백주에 당하였다.

눈 묘지

시베리아 횡단 철도를 타고 서쪽으로 서쪽으로 계속 달리다가 스코보로지노라는 분기역에서 북방으로 달리는 열차를 타고 가노라면 툰드라(영구 동결지대로 여름에는 겉의 땅만 녹고 그 밑은 영원히 얼어 있는 지대) 지대이자 나무의 바다인 아무르 주에 가게 된다. 저 멀리 스타노보이 연봉이 아득히 보이고 인적을 거의 찾아볼 수 없는 고대의 원시림 같은 곳에 틴다라는 신흥 개발도시가 있다. 그 도시에서 5,6십리 되는 곳에 순전히 나무로만 지은 목조건물 수십 채가 눈에 보였다. 이곳이 수천 명의 북한 노동자들이 외화벌이를 위하여 낯선 땅에 와서 고역에 시달리고 있는 재소련 임업 사업소의 하나이다.

나의 친구가 여기에서 있었던 믿기지 않는 한 사람의 죽음에 대하여 나에게 이야기하여 주었다. 때는 1979년으로 친구가 그 임업 사업소의 종합병원에서 일하던 때였다. 2월이면 우리나라에서는 봄기운을 느낄 수 있고 한낮이면 제법 따스하지만 툰드라 지대는

영하 40℃로 내려간다고 한다. 이런 곳에서는 소변을 볼 때 흐르던 물이 얼음으로 변하는 것을 그 자리에서 볼 수 있고, 고무로 된 구두도 탄성을 잃고 나무처럼 부러지며, 비닐 가방은 가만히 두어도 깨진다고 한다.

친구 의사가 소변보러 나왔다가 진찰실로 돌아가는데 한 사나이가 오른쪽 아랫배를 붙잡고 천천히 조심스레 걷는 모습을 보고 직업적 본능으로 충수염 환자라는 것을 직감하면서 그 사람에게 왜 왔느냐고 물었다.

그 사람이 배가 아파서 왔다고 대답하자 그를 부추겨 진찰실로 데리고 가서 진찰하여 급성 충수염이라는 것을 확진하였다. 부랴부랴 수술 준비를 끝내고 배를 개복하여 보니 충수는 이미 너무 곪아서 썩으면서 이미 터져 버려 주위의 장들마저 화농되기 시작하였다. 의사들은 충수와 오염된 장을 절제한 후 봉합하고 수술을 끝냈다. 그러나 의사들이 우려하던 마비성 일레우스(장폐색증) 증상이 수술 후 4시간 정도 지나자 서서히 나타났다. 이 증상은 위 수술 환자의 장이 마비되면서 장운동이 진행되지 못하여 가스가 배출되지 않고 내용물이 그대로 있어서 장이 썩으면서 불어나 배가 북처럼 늘어나는 질환이다. 환자의 배는 임산부의 배보다도 더 크게 불어나고 입술은 말라서 갈라 터지고 혈압은 점점 내려가기 시작하였다. 의사들은 기술이나 시설이 훨씬 우월한 러시아의 큰 병원에 입원하여 재수술을 받아야 살 수 있다고 환자에게 말하였다. 그러나 뜻밖에도 죽음을 눈앞에 둔 그 사람이 수술을 거절했다. 의사들은 깜짝 놀라며 그가 왜 수술을 못 받겠다고 하는지 물었다. 죽어가는 그의 말을 듣고 거기에 있던 모든 사람들이 너무나도 끔찍하고 잔인한 비밀을 알게 되었다.

"당신들은 대학도 졸업하고 당이 신임하여 외국에도 파견되는 당당한 의사들이지만 모르는 것도 있습니다. 내 말을 꼭 잊지 말고 기억하여 앞으로 살아가는데 참고하시오. 나는 국가 정치보위부에서 정치보위 문제상 검열해야 될 문제가 있어 여기 소련에 출장을 온 국가정치보위부 책임지도원이오. 우리나라에서는 감히 누구도 우리에게 간섭하거나 참견하지 못하는 어마어마한 위치의 자리요. 그런데 나도 어쩔 수 없는 일이 있소. 내가 만약 소련 사람들의 병원에서 수술하고 입원한다면 나의 이력서에는 미해명이라는 아주 무서운 이력이 남고 그 밑에는 붉은 줄로 특별히 표시하여 놓습니다. 미해명이라는 것은 간첩이나 반역자로 또는 종파분자로 인정받을 수도 있다는 것을 의미합니다. 말 그대로 보증하기 어려운 사람이라는 것을 의미합니다. 당신들이 나를 살릴 수 있는 방법은 대표부 안전부에 연락하여 평양에 보고하고 대표부 안전부에서 그렇게 해도 된다는 승인을 받은 다음 누구든지 내가 소련 병원에 입원한 시각부터 입회해야 합니다. 이것을 어기면 내 아내와 대학에 다니고 있는 아들, 그리고 내 형제들도 미해명 분자의 가족이라는 무서운 딱지가 붙어 일생 동안 감시를 받게 되고 코에 걸면 코걸이에 걸리게 되는 사람이 되어 버립니다. 이 절차를 밟기 전에는 죽으면 죽었지 수술을 받아서는 안 되오."

타들어가는 마른 입술로 한 마디 한 마디씩 겨우 이어 가는 그의 말은 의사들의 소름을 돋게 하였다. 그의 말대로 몇 만 리씩 되는 거리에 있는 기관과 부서에 연계하여 절차를 밟으니 두 시간 정도 걸렸다. 부랴부랴 구급차에 싣고 노루 꼬리만 한 해가 서산에 기울 때 정신없이 달려 소련 병원에 입원하였다. 수술실에 환자를 들여보내고 수술을 시작하려는데 소련 사람들이 입회하러 들어간 사람을 보고 수술실에서 나가라고 하여 언쟁이 벌어졌다. 통역원이 우리나라의 질서상 입회인이 있어야 된다고 아주 정중하고 사리에 맞게 설명했으나 소련 의사들이 수술실에서 입회인을 기어이 내보내려고 하였다.

　　"수술하는 소련 의사들을 그렇게도 믿지 못하겠으면 너희 병원에 가서 해라. 우리는 못 하겠다."

　　결국 소련 의사들의 의견대로 수술을 하였지만 7~8시간이 지난 장은 거의 전부가 화농되어 있었다. 외국인이라고 4리터의 피까지도 수혈하면서 할 수 있는 일은 다 하였으나 때가 늦어 그 사람은 머나먼 이역에서 무주고혼의 신세가 되었다. 그가 사망한 후 그래도 국가적인 간부의 한 사람이라 뼈라도 가족에게 보내려고 병원 근처의 야산에 매장하였다. 말이 매장이지 실제로는 돌같이 굳은 언 땅을 팔 수가 없어서 눈으로 둥그런 묘지를 만들었다.

　　시베리아의 원시림 속에서 날이 가고 달이 지나 봄이 되어 눈이 녹아버리자 땅 위에 드러난 그의 관이 썩어가고 있었다. 자기 자신의 몸도 간수하기 힘든 상황에서 누구 하나 임자도 없는 시체에 관심을 갖고 있지 않았다. 어찌나 추운 곳인지 참새나 까마귀 같은 새들이 없어 그의 시체를 쪼아 먹지도 않고 불어오는 바람에 서서히 날아가고 있었다. 그의 시체도, 혼령도……

비단 이불

상쾌하고 따스한 날이었다. 하루 두 끼 죽도 제대로 먹지 못하던 때라 따사한 양지에 앉아 생각에 잠겨 있는데 군용차가 들어왔다. 그런데 그 차에서 커다란 보자기에 싼 이불들을 부리는 것이 아닌가. 나는 호기심이 생겨서 그 이불이 들어가는 병실에까지 따라가 보고 진찰실로 돌아왔다.

며칠 후 환자들을 점검하려고 밤 9시경 병실을 돌아보았다. 그런데 커다란 이불이 들어갔던 입원실에 들어가 보니 놀랍게도 거의 소녀티를 벗지 못한 두 여자가 울긋불긋한 색깔로 반짝이는 비단 이불을 덮고 있었다. 의사인 나도 덮어보기 힘든 비단 이불을 병원에까지 가지고 와서 덮고 있는 그녀들이 도대체 어떤 사람들인가가 알고 싶어 그녀의 침대에 걸터앉아 말을 걸었다.

"처녀들은 몇 살이나 되오?"

"열아홉 살이에요."

"어디서 왔소?"

"선생님은 별 것을 다 묻고 계시는 구만요."

"처녀들이 내가 보기에는 아직은 애송이들인데 나도 덮어 보지 못한 비단 이불을 덮고 있는 것이 너무나도 부럽고 희한하여 그러는 것이오."

"우리는 수령님을 모시는 특각에서 왔어요. 이까짓 비단 이불쯤이야 아무것도 아니지요. 사계절마다 우리에게 철에 따라 옷을 입혀 주고 소고기나 물고기 같은 것도 맛이 없다고 잘 먹지 않아 걱정이에요."

그녀가 말하며 마치 자랑이라도 하듯이 소고기 통조림 한 개를 나에게 주면서 말했다.

"집에 가서 맛이나 보십시오."

"지금 한다하는 사람들도 소고기 같은 것은 아예 먹어 보려고 생각도 못하는데 대단하구만."

내가 그녀들을 추켜올리자 그녀는 나이에 비해 너무나 교만하고 얄밉게 자기들을 추켜올렸다.

"선생님이 우리를 애송이라고 하지만 우리가 특각에서 근무한다는 것을 말하기만 해도 아무리 높다고 자랑하던 사람들도 꼼짝 못합니다."

그로부터 며칠이 지난 어느 날 사거리에서 교통 지휘봉을 들고 서서 지나가는 자동차를 잡으려고 안절부절못하는 교통 지도원에게 왜 그러느냐고 물어보았다.

"군당 조직부에서 전화가 오고 정치부장에게서 전화가 왔는데 5

과 신체검사를 받을 사람이 있는데 무조건 대학병원까지 갈 수 있도록 태워 보내야 된다고 엄포를 놓아서 이럽니다. 그놈의 5과 때문에 잘못하다가 내가 비판 무대에 서게 될 판이오. 5과란 특각 초대소 같은 수령님의 휴식을 보장하는 곳에서 근무하는 사람들을 뽑아가는 것을 전문으로 하는 과요. 코흘리개 같은 애들도 5과에 뽑혔다고 하면 으스대는데 나도 그놈들 앞에서 별 수 없으니 이것이야 어디 꼴이 사나워 견딜 수가 있습니까?”

교통 지도원은 볼 멘 소리를 한다. 내가 그에게 담배 한 대를 권하며 물었다.

“그래, 도대체 어떤 사람을 5과에서 뽑아갑니까?”

“남자고 여자고 17~18세 사이에서 뽑는데 탁아소 경력부터 다 알아내고 키나 몸무게 같은 것을 물론이고 눈과 눈 사이, 코와 입 사이의 간격도 자로 재보고 미인형으로 판정되면 신체검사를 두 번씩 하여 뽑아 간답니다. 그들은 처녀고 총각이고 특각에서 십 년을 보내고 난 후에는 일정한 직위를 가지는 자리에 배치를 받는답니다. 그것뿐이 아니오. 5과에 뽑혀간 사람들의 부모들은 명절마다 위에서 선물을 보내 주고 시군당 5과 지도원이 따로 돌보아 준답니다. 한마디로 특별 부류의 사람들이지요. 별을 달고도 코흘리개들의 심부름꾼 노릇이나 하자니 부아통이 터지는구면.”

그는 정말로 내가 무슨 5과 사람이기나 한 것처럼 성이 나서 말하였다. 그와 말을 마치고 걸으면서 세상에는 별의별 보지 못할 괴상하고 얄미운 것도 있구나 하는 씁쓸한 생각이 머리에서 맴돌았다.

붉은 대 시월 강연회

인간이 걸어온 역사의 발자취를 돌아보면 유명하고 탁월한 외교 정책, 정치적 책략가들을 볼 수 있다. 러시아 땅에서 펼쳐졌던 이 기가 막힌 양면 외교는 먼 훗날에도 사람들에게 '이렇게 하는 외교 정책도 있구나.' 하는 감탄을 자아낼 것이다.

때는 1980년대였다. 북한이 외화를 벌어들이기 위하여 노동자들을 소련에 파견하여 임업 공동 생산을 했다. 이 사업을 계속하기 위하여 벌려 왔던 외교 수법의 하나를 적어 보려고 한다.

해마다 설날이 오면 사업상 연관이 있는 소련 사람들에게 새벽부터 신년 축하 선물을 주는 것은 물론 소련에서 진행하는 기념일에는 축사도 하고 연회도 베푼다. 11월 7일은 구소련 시기의 가장 큰 국가적인 명절이자 기념일이었다. 이 11월 7일을 "10월 혁명 기념일"이라고 하는데 소련 사람들은 이 날은 "붉은 대 10월"이라고 자랑한다. 이 기념행사에 참가하는 북한 임업사업소의 대표가 하는 연설은 실로 가관이었다.

"붉은 대 10월과 같이 위대하고 커다란 역사적 사변은 인류 역사 5천 년에 과거에도 없었고 현재에도 없으며 앞으로도 없을 것입니다. 전 세계 인류에게 희망과 새 생활을 안겨 준 이 위대하고 세계사적인 대업은 러시아와 같이 위대한 나라, 위대한 민족만이 이룩할 수 있었습니다. 우리에게 러시아와 같은 위대한 우방이 있는 것을 영광으로 생각하며 당신들이 우리를 위하여 도와주었던 것을 날아가는 새들도 흘러가는 구름도 멈추어 서서 감사를 드릴 것입니다. 두 나라, 두 인민간의 뜨거운 친선은 후손 대대로 전해질 것이며 두 인민간의 친선과 우정은 영원히 변함없을 것입니다. 우리는 형제 국가인 소련 인민들에게 최대의 존경과 영예와 함께 뜨거운 감사를 드립니다. 조·소 양국의 친선 단결은 영원할 것입니다."

이처럼 정열이 넘치고 존경과 사랑이 담긴 축사를 통하여 축하를 했다.

그런데 그 다음날이다. 사업소 강연회가 진행되었다. 그 강연회서 어저께 그렇게도 소련을 추켜올리고 친선을 바란다던 그 사람이 연단에서 돼지 멱따는 소리로 고함을 질렀다.

"어저께 소련 강연회에 가서 소련 사람들 옆에 앉아 그들과 희희낙락 하며 보낸 사람들은 다 일어서라."

거의 말이 끝나자 몇몇이 일어선다. 그는 한 사람 한 사람씩 손으로 가리키면서 말했다.

"이렇게 한심하고 나쁜 사람이 어떻게 당원이야? 소련 사람들은 원칙이고 무엇이고 아무것도 없는 수정주의자들이므로 우리가 항상 경각심을 가지고 경계하고 멀리해야 된다고 내가 아니 우리당에서 학습할 때마다 강연회 때마다 강조하지 않았는가? 소련 사람들이 겉으로는 보기에 성실하고 좋은 것 같지만 총체적으로는 수정주의자들이고 나쁜 놈들이다. 그 놈들하고 가깝게 보내서 좋은 것이 무엇이냐? 너희들은 내일부터 한 달 동안 무보수 노동이다."

거의 욕설이 끝나면서 일어섰던 사람들이 앉으면서 하는 말이 더욱 가관이다.

"자기는 강연회가 끝이 나자 소련 사람들과 술을 쳐 마시고는 수정주의 여자들과 끌어안고 춤까지도 추고서는 우리가 소련 사람들과 같이 앉아 웃으며 말을 했다고 처벌을 하니 똥 묻은 개 겨 묻은 개를 흉본다고 소가 웃다 꾸러미 터질 일이다."

근방의 사람들이 그 말을 듣고 박장대소를 했다.

이상한 하수도 공사

중국에서 문화 대혁명이 진행되던 때였다. 동방의 붉은 태양이 세계를 비춘다느니 부르주아 문화가 중국에 들어왔다느니 하면서 소란을 피워 그 여파로 수많은 재중 동포들이 두만강을 건너오던 때였다.

어느 여름 날 대사관들이 있는 평양의 한 거리에서 자전거를 타고 가던 사회 안전원이 길을 건너다가 하수도 공사중이어서 부득이 타고 가던 자전거에서 내려야 했다. 안전원이 공사장에서 일하는 사람에게 말을 걸었다.

"여보시오, 나는 지나가던 사람으로 여기서 하는 이 하수도 공사를 며칠째 보았소. 내가 보자니 당신들이 하는 일을 보니 너무나도 어처구니없어 몇 마디 말을 좀 해야겠소. 당신들이 밥을 먹고 일하는 사람들이오? 아니면 이렇게도 일할 줄도 모르고 일하기도 싫어하는 건달꾼들이오? 내가 보건데 이만한 일감은 당신들과도 같은 장정이면 아무리 건달을 피운다 해도 3~4일이면 끝낼 것 같구만.

3일 전이나 오늘이나 흙 한 삽 뜬 것 같지 않은데 이렇게 한심하게 일하는 사람들을 보고만 있을 수 없소. 안전원으로서 알아보려고 하오."

"안전원으로서 알아보고 싶으면 실컷 알아보구려. 남의 잔치집에 와서 감 놓아라, 배 놓아라 하면 싱거운 사람이라고 하는데 밝은 대낮에 싱거운 짓은 그만두시고 가던 길이나 빨리 가보시오."

40대로 보이는 사나이가 피우던 담배를 손에 들고 웃으면서 얄밉게 비꼬며 조소하는 바람에 점잖음을 차리던 대외 안전원이 창피하고 격분하여 대번에 소리를 질렀다.

"여보, 누구를 보고 놀리는 거요? 나는 사회 질서를 지키도록 군복을 입고 총을 가진 사회 안전원이오. 까밝혀 말하면 당신들과 같은 건달꾼들도 조사할 수 있는 권한이 있단 말이오."

그의 말에 옆의 사나이가 말했다.

"권한이 있으면 조사해 보시구려. 싱거운 짓하다가 망신이나 당하지 않겠으면 안전원 양반께서 줄행랑이나 치는 것이 좋을 것 같구만."

노골적으로 조소라기보다는 바보 취급하듯 놀려 주는 것이었다. 그 말에 안전원이 소리치며 잡고 있던 자전거를 세워 놓고 주먹 행세를 하려는 듯이 달려들었다.

"아, 이 새끼가 무엇이 어쩌고 어째?"

그때다. 그들 옆에서 그들의 언쟁을 지켜보던 한 사나이가 안전원의 팔을 붙잡아 제지시키면서 신중하게 말했다.

"안전원 동지, 내 말을 좀 들어보시오. 당신이 무엇을 모르기 때문에 저 사람들의 하는 일에 시비를 거는 것 같은데, 저 사람들은 아무 잘못도 없고 자기들의 맡은 일을 아주 잘하는 사람들이오."

"당신은 도대체 무엇을 하는 사람이오? 나를 어떻게 보고 바보로 취급하오. 정신 나간 사람들이 한둘이 아니구만. 도대체 무슨 짓들을 하는 사람들이오?"

안전원이 도무지 영문을 모르겠다는 듯 성내며 소리쳤다.

"소리를 낮추시오. 저 사람들은 당으로부터 받은 지시를 집행할 뿐이오. 나는 시당 조직부에서 나왔소."

사나이는 안전원에게 당 일꾼 신분증을 보여 주었다. 그의 말을 듣고 신분증까지 본 안전원이 아예 넋 나간 표정을 지으면서 오히려 먼저보다도 더 큰 소리로 성을 냈다.

"아니 당에서 일하지 말고 건달을 피우게 과업을 준단 말이오?"

"여보시오, 소리를 낮추시오. 당에 도전하겠소? 목이 몇 개나 되오?"

사나이가 말했다.

"무슨 깊은 내막이라도 있는 것 같은데 나도 알면 안 됩니까?"

안전원이 한결 누그러진 목소리로 물었다.

"만약에 내가 하는 이것을 다른 사람에게 누설시키면 그때에는 당신은 반당적인 행위로 책임을 지게 된다는 것을 명심하고 내 말을 들으시오. 지금 중국 대사관에서 그것을 선전하느라고 온통 커다란 포스터를 붙여 놓고는 우리 당 내에 나쁜 영향을 주려고 이모

저모로 꾀한단 말이오. 당에서는 인민과 당을 이러한 대국주의 잡 랑으로부터 보호하려고 아예 중국 대사관 근방에는 사람들이 다니 지 못하게 조치를 취하다 보니 그 전략으로 하수도 공사를 하여 사 람들의 통행을 차단시킨다는 말이오. 인제 알겠소? 군대나 안전원 을 동원하여 통행금지를 시키면 중국 측에서는 대번에 외교적인 문제로 시비를 걸어올 것이 아니오? 이 하수도 공사가 얼마나 효과 적이고 능란한 전략인지 중국 사람들도 그 내막을 안다 쳐도 우리 에게 말 한 마디 못하게 한다는 말이오. 얼마나 천재적이오. 이 하 수도 공사는 중국 대사관에 있는 포스터가 보이지 않을 때까지 계 속 될 것이오. 목이 하나면 이 소리는 절대로 하지 마시오.”

시당 지도원이 하는 말과 그 엄포에 기세등등하게 건달꾼들이라 고 큰소리를 치던 안전원도 뒤통수를 긁으며 어색한 웃음으로 인 사를 하고 세워 놓았던 자전거를 끌고 오던 길로 되돌아가며 한 마 디 했다.

“세상에 이런 일도 다 있구만.”

비오는 밤

그해 따라 어찌나 궂은 날씨가 계속되고 장마가 지든지 먹을 것이 없어 산으로 바다로 헤매던 사람들은 꼼짝없이 집안에 갇혀버렸다. 나도 궂은비를 맞으며 치료실까지 가기는 하였으나 춥고 스산하여 이 궁리 저 궁리를 하며 침울한 마음을 굴리고 있었다. 그때 한 사나이가 물이 떨어지는 젖은 옷을 입은 채로 치료실로 들어서서 물었다.

"외과에 우리 동생이 입원하였는데 병원에서 알코올이 없어서 수술을 못한다고 하여 제가 반 킬로 정도 얻어 왔습니다. 외과 수술실로 가려하는데 어디로 가면 됩니까?"

내가 외과 수술실로 어떻게 가야 되는지를 설명해 주자 그는 급히 나갔다. 그해부터는 식량이 너무나 부족하여 수술용 알코올을 생산하는 공장이 모두 문을 닫아버렸다. 그래서 하는 수 없이 우리 병원은 전 직원이 강냉이 2킬로씩 무조건 가져오라는 억지를 써서 그 강냉이로 세 번의 증류를 거쳐 75%의 알코올을 만들어 조금씩 쓰고 있었다. 알코올은 수술해야 되는 부위와 수술에 참가하는 의사나 간호사들의 손을 소독하고 의료 기구를 소독하는데 쓰이는 것으로 없어서는 안 되는 필수적인 약품의 하나이다. 이때 몇 명의 사람들이 복도에서 소리치고 고함을 지르며 아귀다툼을 벌이고 있었다. 나도 너무나 시끄러워 복도로 나가 보았다.

"아니, 당장에 죽을 써 먹을 강냉이가 한 줌도 없는데 강냉이를 2킬로씩이나 가져오라니 어디에 가서 가져온단 말이오. 억지를 써도 분수가 있지, 굶어 죽으나 수술을 못하고 죽으나 죽는 것이야 매 한 가지가 아니오? 차라리 내 생가죽을 벗기시오."

한 여인이 악을 쓰며 소리쳤다.

"생가죽 소리는 집어 치우고 무조건 강냉이나 가져오시오. 그렇지 않으면 다음 번 분기 총화에서 무대에 오르게 되어 비판 대상이 될 것이오."

그녀와 마주선 남자가 으름장을 놓았다.

"천만에 말씀을 그만하시오. 다음번 회의 때까지 내가 굶어 죽지 않고 살 수 있을 것 같소?"

그녀는 한숨을 쉬면서 쓸쓸한 목소리로 말했다. 그들의 악다구니 같은 시비가 나로서는 참견할 만한 것이 못된다고 생각되어 나는 그대로 들어와 앉았다.

그런데 훗날 내가 들은 바에 의하면 실로 소름끼치는 사실을 알게 되었다. 동생이 수술하는데 알코올이 없어 못한다고 하여 알코올을 얻어 왔던 사람이 그 알코올 때문에 집결소에 잡혀 갔다는 것이다. 집결소는 사회적으로 말썽꾼이라고 제기되는 사람들을 강제로 붙잡아 한 곳에 가두어 놓고 밤이고 낮이고 비가 오든 눈이 오든 상관없이 강제 노동을 시키고 강제로 학습시키는 곳이다.

한심한 것은 밤 열두 시나 한 시에도 노래 연습까지 시킨다고 한다. 잠을 재우지 않고 육체에 고통을 가하는 방법인 것이다. 더욱 한심한 것은 깊은 밤에 하는 노래 연습에서 조금만 잘못해도 여러 명이 달려들어 발로 차고 주먹으로 때리게 하는 집단 구타를 조직하여 사람들을 공포에 떨게 한다는 것이다.

알코올을 가져 왔던 사람이 다니는 공장에는 8~9호 직장이라는 직장이 있다. 8호나 9호라고 하면 북한 최고위 사람들과 그 사람들이 일하는 기관을 위하여 특별히 따로 조직되고 운영되는 직장을 가리키는 말이다. 그런데 그 사람이 다니던 공장에서는 8~9호용으로 일용품이 생산되고 있었는데, 그 일용품의 소독을 위하여 위로부터 특별히 병원에서 수술할 때 쓰는 에틸알코올이 수백 킬로씩이나 공급되고 있었다. 그 남자가 사람이 죽는다고 하여 그 알코올 반 킬로를 가져온 것이 문제가 되어 잡혀 갔다는 것이다. 그 말을 나에게 하여 주던 공장사람은 너무나도 어처구니없는 세상을 원망하며 이렇게 말했다.

"수술에 쓸 알코올이 없어도 높은 사람들이 쓰는 밥 식기를 소독할 알코올은 특별하게 보장되고 있으니 사람의 목숨이 다른 사람의 밥 식기나 접시보다 못하다는 세상이 아니오. 한심하다는 것은 어디에도 비길 수 없어."

천 사람, 만 사람 다같이 경악할 만한 일들이 합법적이라는 법적 보호 속에서 진행되고 이를 비난하거나 나쁘다고 하면 사상 체계에까지 걸고 있으니 생각만 해도 소름이 끼친다. 이렇기 때문에 북한 사람들은 '나쁜 법은 범보다도 무섭다.' 라는 격언을 말할 때가 종종 있다.

녹음 특강

1971년이었다. 하루는 당학교 학생들만을 위한 특별 강연회가 특정 장소에서 하니 누구도 참가하지 않으면 안 된다고 하여 참가하였다. 모 기관의 회관에서 참가 인원을 확인한 후 주석단 책상 위에 녹음기 한 대만 달랑 놓고 불을 껐다. 주위가 고요한 가운데 어둠 속에서 우렁우렁한 남자의 목소리가 들렸다.

"김종항, 이놈이 일본에 대 군단을 데리고 갔다 와서 나한테 한다는 소리가 '수령님, 도쿄에 가보니 승용차가 끝없이 물결칩니다. 일본이 얼마나 발전하였는지 놀라울 뿐입니다.' 이렇게 머리가 썩어 한심하게 짝이 없는 소리를 친단 말이야. 고등 교육상을 한다는 사람이 일본에 한 번 갔다 오더니 대번에 변질되니 얼마나 한심한가?"

우렁우렁한 목소리가 잠깐 멎더니 물 마시는 소리와 컵을 탁자에 놓는 소리가 들렸다. 삼십여 년이 지난 오늘도 보고 들은 사실을 그대로 말하였다고 하여 역적으로 단정하고 역적으로 처리하는 소름끼치는 그 사태가 지금도 계속된다고 생각을 하니 그러한 곳에서 살고 있는 나의 형제와 친우들에 대한 연민의 정으로 자연히 서글픈 눈물만이 흘러내렸다.

시베리아에서 보내는 선물

시베리아라고 하면 엄혹한 자연과 끝없는 무변광야를 생각나게 하는 불모의 땅이다. 그러나 여기에는 세계적으로도 가장 풍부한 목재와 석탄과 철광과 원유로 매장되어 있는 천연의 보물고이기도 하다.

겨울에는 기나긴 밤이 열여섯 시간이나 되는 곳으로 1년에 7~8개월은 흰 눈 속에 파묻힌다. 짧은 여름 동안에 얕게 녹는 땅이지만 수천수만 년 지나는 사이에 나무가 자라고 죽고 하면서 부식토가 쌓이고 쌓여 이곳에서는 끝없는 나무의 바다가 펼쳐지고 있다. 엄혹한 자연이지만 끈질긴 생명으로 살아가는 북극사슴, 북극곰 등 인간의 탐욕을 일으키는 살아 있는 보물도 많다.

이곳에서도 외화를 버느라고 있는 힘을 다하는 임업 노동자들이 그 유명한 사향을 채취하여 충성심의 표현인 '선물'을 바치지 않으면 안 되게 되어 있다. 선물을 바친 이후 그것이 '선물'로 합격이 되기만 하면 평양으로부터 그에게 다시 위대한 수령님의 이름으로

'선물'이 오는데 이 선물을 받은 사람은 특별히 따로 돌보아 주며 그에게는 영예도 되고 누구도 간섭하지 못하게 하는 호신부도 된다. 그러므로 그 춥고도 험악한 시베리아 수림에서 간부건 노동자건 선물용 사향 채취를 무언중에 마치 경쟁이라도 하듯이 하는 것이다.

그런데 모모 사업소의 당 비서가 선물을 접수하고 직접 평양에 보낼 수 있는 위치에 있다는 것을 이용하여 다른 사람이 보내는 70g짜리의 사향을 40g짜리와 바꾸어 보내고는 70g짜리는 자기가 사취하였다. 선물을 보낸 노동자가 자기가 보낸 것은 틀림없이 합격될 것이고 선물도 올 것이라고 생각하였는데 아무리 기다려도 감감 무소식이라 가족과 인맥을 통하여 이 사실을 알렸다. 드디어 사실이 판명되자 수천 명의 노동자들 속에서는 하늘의 제왕처럼 도도하고 난폭하던 당 비서도 30g의 사향 때문에 머나먼 외국에서 강제 귀국 당한 후 다시는 씻을 수 없는 과오를 범한 사람이 되어 당에서도 법에서도 그를 영원히 매장시켜 버렸다.

선물 아닌 '선물' 때문에 상당한 사람들이 그리운 고향에도 가지 못하고 사랑하는 가족들과도 다시 만나보지 못하고 이름도 모르는 시베리아의 원시림 속에서 실종된 채 영원한 무주고혼의 신세가 되어 떠돌아다닌다는 것은 얼마나 서글프고 비참한 일인가!

고양이 뿔이 날 때까지

어찌나 맑은 물인지 떨어지는 폭포의 아래에 생긴 자그마한 호수의 밑바닥에 깔려 있는 희고 검고, 크고 작은 자갈들이 모두 들여다보였다. 푸르른 산 속으로 흐르는 자그마한 강가의 넓은 바위 위에는 술병과 안주를 가운데 놓고 세 사나이가 때로는 노래를 부르고 때로는 목청을 높여 가며 열변을 토하기도 했다.

"됐다, 됐어, 홍도야 우지 마란가 아니면 네가 잘 부르는 사께와 나미다까 다메이끼까('술은 눈물인가 한숨인가'라는 일본 노래)나 불러라."

"너 술 한 잔 먹으니 수성에 있는 정치범 감옥에라도 가고 싶니?"

"야, 이 겁쟁이야, 내가 좋아하는 노래를 부르겠다."

이 강산 낙화유수 푸른 봄에
새파란 잔디 얽어 지은 맹세라

"야, 이놈아 그만 두어라. 사람들이 지나간다. '사회주의 문화 침해', '수정주의 유포' 라는 정치범으로 취급하는 법조항이 있다고 나는 알고 있다. 큰 일이 일어나기 전에 그만 두자."

어쩌다가 차례진 개별 휴식날을 맞아 몇 년 만인지도 모르게 까마득한 오늘의 들놀이에서 세 명의 죽자 살자 하는 동창생들이 주고받는 이야기다.

"야 이놈아, 노래 몇 마디에 정치범 감옥에 간다고 생각하면 차라리 아무것도 하지 않고 죽는 것이 더 낫겠구나. 지금 세계가 얼마나 빨리 변하고 빨리 발전하는지 알고나 있니? 중국만 보아도 알 수 있지 않니? 우리는 언제면 이 강냉이밥을 면할 수 있겠는지? 생각만 해도 끔찍하다."

"우리나라는 빨리 통일이 되어야 잘살지 눈만 뜨면 전쟁 준비요, 강성 대국이요, 이따위 소리뿐이니 언제 통일이 되겠니?"

노래를 부르던 사나이가 말했다.

"통일 같은 소리를 다 하네, 고양이 뿔이 날 때까지 기다려 보리라. 죽을 때까지 기다려도 고양이 뿔이 나는 것은 보지 못할 것이다."

이 몸은 백두산에 붉은 수리개
창창한 하늘 없이 내 어이 살랴.

말을 마치고 노래를 부르던 사나이의 두 눈에는 갑자기 친구들도 놀라게 눈물이 흘러내렸다. 그도 그럴 것이 그의 아버지는 머나 먼 남쪽에 고향을 두고 타향인 이곳에서 생을 마쳤다. 아버지는 마지막 순간에 자기가 죽으면 할 수만 있으면 고향에 뼈라도 묻어 달라고 백 번, 천 번 눈물과 함께 부탁하였다. 불행하게도 아버지의 뼈를 그는 고향에 묻을 수가 없었다. 왜냐하면 두 동창들 속에서 누가 밀고하였는지 '고양이의 뿔이 날 때까지 기다려도 통일이 되지 않는다'는 그의 말이 정치보위부에 들어가 봄날 푸른 숲 속에서의 파티를 마지막으로 정치범이 되어 감옥에 가고 말았다.

읍사무소 통계 논쟁

1996년 여름이 시작되던 때였다. 나와 친구가 행여나 통행증이라도 떼어가지고 식량을 얻으러 갈 수 있을까 하여 읍사무소에 갔다. 사무소래야 직원이 열 명도 안 되는 작은 기관이라 직원들을 거의 다 알고 지냈다. 읍사무소장의 사무실에 들어가니 사무소장이 아주 정중하고도 날카로운 말씨로 두 직원에게 훈계를 하고 있었다.

"우리 사무소가 이렇게 질서 없고 각성되지 못했으니 한심하기 짝이 없구만, 왜 그런 통계를 아무데나 막 놔두고 다니는 것이오? 그 통계를 작성하느라고 얼마나 힘들었는지 알기나 하오? 앞으로 두 번 다시 이런 일이 있어서는 안 되겠소."

훈계를 끝내고 그제야 나와 인사를 나누었다. 내가 사무소에 무슨 놈의 중요한 통계가 있어서 그렇게 훈계까지 하느냐고 물어보았더니 슬그머니 통계문전을 치우려는 것이었다. 원래 호기심이 많은 나인지라 알고 싶어 들여다보니 숫자들만 칸칸이 내려 쓴 것이 보일 뿐이었다.

"이것이 무엇이오?"

"병원에서 계속하는 통계입니다."

"나는 도대체 무슨 뜻인지 알아차리지 못하겠소. 병원에서는 통계를 하는 것이 없습니다."

"월별, 분기별, 사망자 통계를 작성하지 않습니까?"

읍사무소장이 내게 물었다.

"굶어 죽는 사람들이 많기는 하지만 신분을 확인할 수 없어서 제대로 된 통계는 만들 수 없소. 우리 병원에서도 벌써 몇 명이 굶어 죽고, 2백 명의 직원 중에서 60여 명도 출근하지 못하는데 정확한 통계를 어떻게 냅니까?"

내가 코웃음을 치며 말했다. 사무장도 어처구니가 없는지 넋두리를 한다.

"이렇게 사람들이 무리로 죽으면 어떻게 될지 모르겠소. 금년에만 해도 상반년 여섯 달 동안에 읍내 인구 5만 명에서 천5백 명이나 굶어 죽었소. 전쟁보다도 더 많은 사람이 비명소리 하나 없이 죽어 간다는 말이오. 이대로 가면 5만 인구에 일 년에 3천 명이나 죽는다는 통계가 나오는데 얼마나 무서운 일이오. 대책은 없고 앞길만 막막하오."

"그래도 여기서는 사체 처리는 하지 않으니 천만다행이구만. 우리 병원은 주인 없는 시체를 맞아들면 나도 죽을 판인데 사체 처리하느라고 죽을 지경이오. 소문을 들어 알고 있는지 모르겠는데 며칠 전에는 남자의 머리가 벌판에 굴러다녀서 안전부에서 총 출동하여 사건을 수사해 보니 굶어 죽어 우리 병원 사체실에 있는 사람의 머리라는 것이 확인되었소. 우리 의사들만 사체실 관리를 잘 하지 못한다고 하여 뜻밖의 봉변을 당하였소. 도무지 이것이 사람이 사는 세상인지 지옥인지 구별이나 하겠소?"

나의 말이 끝나자 나이 60을 바라보는 사무장은 군대에서도 일정한 고위직위에 있던 사람이라 말 한마디라고 듣기 좋게 타일러 주었다.

"마지막 말은 제발 다른 사람이 있는 데서는 하지 마시오. 며칠 전에 공설운동장에서 사형에 처한 다섯 명도 사실은 쌀 몇 되를 배고파 도적질한 것이 죄라는 것이오. 지금은 살아 있는 날까지는 모든 것이 조심해야 하오."

새로 내려온 방침

1996년 늦은 가을날 갑자기 퇴근하려고 하는데 회의실에서 잠깐만 모여 달라는 연락이 왔다. 하는 수 없이 음침하고 추운 회의실에 갔더니 4~50명 정도의 의사와 간호사들이 모여 있었다. 모두가 여위고 초췌한 얼굴에 누구 하나 밝은 얼굴은 볼 수도 없고, 2백 명이 넘는 크나큰 병원에서 먹을 것이 없어도 억지다짐으로 출근시킨 사람들이라고 생각하니 끌려가는 양이나 된 듯싶은 쓸쓸한 감정이 앞섰다.

조금 시간이 지나 병원 당 비서가 강단에 서서 책을 꺼내더니 정중하게 그리고 자못 엄숙한 기색으로 말을 시작했다. 내용인즉 당의 방침에 따라 어떤 병원, 어떤 의사라 하여도 임신한 여성이 임신중절이나 소파를 요구하여도 해주어서는 안 된다는 것이었다. 그렇게 말하고는 방침 전달이 끝났다는 것이다.

그러자 산부인과 의사가 처녀나 환자가 임신중절을 요구하여도 안 된다는 것인지 질문하자 당 비서가 신경질적으로 대답했다.

"지금이 어느 때요? 사람들이 너무 많이 죽기 때문에 당의 방침이 내려왔는데 개별적인 사람들의 이해관계나 요구 때문에 당의 방침을 가지고 시비해서는 안 됩니다. 당의 방침에는 절대적이고 무조건적인 복종과 집행만 있을 뿐입니다. 부인과에서 오늘부터는 무조건 집행해야 합니다."

날이 추워지고 어두워지자 끼리끼리 집으로 가면서 서글픈 논쟁을 하였다.

"새파란 청년들도 굶어 죽는 판에 아이를 낳으려는 정신 나간 사람들이 있기나 하오? 또 환자나 혹시 처녀가 온다면 우리는 무엇이라고 하면서 임신중절을 못한다고 돌려보내야 되겠지요? 내일부터는 부인과에서 희비극이 벌어질 것입니다."

혼잣말처럼 불평 삼아 하는 산부인과 선생의 말이다. 아니나 다를까 다음날 폐결핵으로 진단받은 여인이 임신중절을 요구하였다. 병원에서 못한다고 하자 무조건 임신 중절을 하겠다고 요구하며 떼를 썼다. 그래도 못한다고 하자 이번에는 아버지까지 모시고 와서 소리를 지르며 해명하라고 야단을 쳤다.

"사람을 살리는 것이 병원이지 사람의 병이 악화되어 죽는다는 것을 뻔히 알면서도 해야 될 것을 안 해 준다니 세상에 이런 병원이 어디 있는가?"

부인과 의사가 당의 방침이니 개인 사정 같은 것은 문제로 삼아서는 안 된다고 당 비서가 말하던 대로 제법 엄숙하고도 정중하게 틀을 차리며 엄포를 놓았다. 당의 방침이라고 하자 딸의 생명과 연계되는 생사 갈림의 문제이지만 노기등등하던 그녀의 아버지도 그녀의 입만 벌리고는 말 한 마디 못하고 한숨만 쉬면서 병원 밖으로 고개를 숙인 채 나가 버렸다. 그들의 뒷모습을 보는 부인과 선생도 간호사도 은근한 동정의 눈길만 보낼 뿐 속수무책이라 한숨만 쉬었다.

제 3부

배가 고파요

강냉이 파먹는 소녀

따스한 봄 날씨라서 멀리 벌판에서는 아지랑이가 피어오른다. 산과 들이 파랗게 단장하고 새들까지 지저귀고 있다. 배고픔만 없다면 두말 할 것 없이 계절도 좋고 산천도 좋다. 얼굴이 햇볕에 타서 거멓고 광대뼈가 두드러지게 여윈 사람들이 뼈만 앙상한 소를 몰아 밭을 갈면서 무엇인가를 심고 있었다.

여자 농장원들이 허리를 굽혀서 오른손에는 호미를 들고 땅을 파고, 왼손으로는 옆구리에 달고 있는 종자가 든 주머니에서 종자를 꺼내서 밭에 심고 있는 것이 보였다. 그들이 하는 일이 얼마나 느릿느릿한지 정말이지 3일 동안에 피죽 한 그릇도 먹지 못한 사람 같아 보였다.

그런데 그들이 멀찌감치 앞으로 나가면 회초리처럼 바짝 마른 네 살 여아가 앞에 간 농장원들을 힐긋힐긋 보면서 고사리 같이 여윈 손으로 방금 땅에 심어 놓은 노란 강냉이 알들을 파냈다. 여아는 파낸 강냉이 알들에 묻은 흙을 때가 묻은 손으로 비벼 댄 뒤에 무슨 맛있는 것처럼 천천히 씹어 먹었다. 그러면서도 때때로 달래나 둥굴레 같은 것이 보이면 그 어린 것이 그것을 사람이 먹을 수 있다는 것을 어떻게 알고 있었는지 흙을 털어버리고 입에 넣어 오래오래 씹어 먹었다.

농장원들이 되돌아올 때 여아는 밭에서 멀리 나가 강가의 풀밭에서 행여나 먹을 것이라도 없는가 하고 이리저리 살펴보았다. 농민들이 심던 이랑을 다 심고 다시 처음처럼 앞으로 가노라면 소녀는 또다시 그들의 뒤를 따르면서 심어 놓은 강냉이를 파내서 먹었다. 농장원들이 얼마나 일하였는지 알아보기 위해 분조장이 와서 돌아보다가 어린 아이가 심어 놓은 강냉이를 파내서 먹는 것을 목격하였다. 그는 무작정 그 애에게 걸어가 그 애를 한 손으로 쳐들고 밭두렁까지 나와 땅에 내려놓고 야단을 쳤다.

"너의 집이 도대체 어디야? 너의 엄마는 지금 어디에 있니?"

분조장은 차마 때리지 못하고 쳐들고 있는 손을 허공에 든 채 아이에게 말했다.

"엄마가 어디 갔는지 몰라요."

아이는 대답하면서 분조장이 행여나 때리지나 않을까 하는 생각에 겁에 질려 분조장의 얼굴을 쳐다보았다. 그 애와 더는 말해야 아무것도 알아낼 것이 없다고 생각한 분조장이 일하는 사람들에게 소리치면서 모두 모이라고 손짓했다. 분조장의 오라는 손짓을 보고 대여섯 명 되는 농장원들이 굼벵이 같은 걸음걸이로 다가와 저마다 땅에 철썩 주저앉았다.

"일하면서도 이 아이와 같이 심어 놓은 강냉이를 파내어 헛일을 하게 하지 않나 하고 살펴라도 보아야지. 오늘 한 일은 다 헛일이오. 이 아이가 어느 밭고랑에서 어디까지 종자를 파냈는지, 어떻게 알아낼 방도가 없소. 모두 나이나 먹었다는 사람들이 왜 이렇게 일하오? 밤에는 심어 놓은 감자씨를 다 파내 가고, 벼 모를 뿌린 모판에서는 비닐 박막을 서슴없이 벗겨 가는 것을 다 알면서도 이렇게까지 각성이 없이 일하오?"

분조장은 언성을 높여 애꿎은 농장원들만 몰아붙였다.

"분조장, 이제부터는 아예 한 사람을 떼어서 강냉이 씨를 파가지 못하게 경비라도 세워야 되지 않소?"

한 사람이 분조장을 놀리는지 아니면 실제로 그렇게 하자고 하는 것인지 모를 애매한 말로 응수한다.

"경비를 세우든 뒤돌아보며 살펴보든 그것은 당신들이 알아서 하오. 강냉이를 심는데 경비를 세웠다고 하면 누가 곧이듣겠소? 아주머니가 이 애를 데리고 이 애의 집으로 찾아가서 그 애의 부모를 데리고 오시오."

분조장이 한 여인을 손으로 가리켰다. 지명 받은 여인이 일어서는 데 퍽이나 시간이 걸리자 분조장이 다시 그녀를 질책했다.

"아주머니 내 말이 달갑지 않소? 왜 그렇게 하오?"

"분조장은 밥이나 먹었는지 게사니처럼 꽥꽥거리기는 잘하오. 나야, 시래기죽도 배불리 못 먹고 나왔으니 어떻게 척척 움직이겠소. 죄 없는 사람보고 더는 소리치지 마시오."

골이 나서 투덜거리며 그녀는 여자 아이를 앞세우고 그 뒤를 정말 굼벵이처럼 천천히 따라갔다. 몇 분 후에 그 애가 열어젖힌 문 안으로 들어가니 송장같이 너무나 여위어 피골이 상접한 여인이 눈만 겨우 뜨고 올려다보았다. 그녀와 아무리 이야기해 보아야 더는 시비를 물을 수도 없고 자칫하면 송장이나 치르겠다는 생각이 앞섰다. 누워 있는 그녀를 한참이나 지켜보고 나서 먼지가 뽀얗게 앉은 물항아리에서 물을 떠서 그녀에게 주었다. 그리고는 옆구리에 달고 있던 주머니에서 종자 강냉이를 전부 꺼내어 그녀 옆에 놓아 주었다. 그러는 그녀를 뜬눈으로 지켜보던 누운 여인의 눈에서는 눈물이 흘러내렸다. 말 한 마디 못하고 일하던 곳으로 그녀가 혼자 돌아오자 분조장이 동시에 두 가지 질문을 쏟아냈다.

"그 아이의 어머니라도 데리고 와야지, 어린애가 파먹은 이랑을 어떻게 알아내겠소? 아니 종자 주머니는 왜 비었소?"

아무 대답 없이 서 있는 그녀를 보면서 그녀의 눈에서 눈물이 방울지는 것을 발견하고 분조장도 퍽이나 당황해 했다.

"아니, 내가 무슨 나쁜 말이나 가슴 아픈 소리라도 했단 말이오? 무엇 때문에 울며 야단이오?"

그녀가 그 어린 여자아이를 따라가서 본 것과 자기가 강냉이 종자를 다 주고 돌아온 자초지종을 말해 주었다.

"그 애 어머니도 내 짐작으로는 오늘을 넘길 것 같지 못하더구만. 엄마가 오늘 죽는다면 그 애도 불 보듯이 명백하게 죽을 것이 틀림없지 않소? 내가 그런 사람을 보고 강냉이 종자를 차마 그대로 가지고 돌아올 수가 없어 모두 주고 왔소. 모두래야 반 킬로도 되지 않을 것이지만 배고픈 사람에게야 요긴한 식량이 될 게 아니겠소.”

그녀는 혼잣말처럼 되뇌며 땅 위에 맥없이 주저앉아 버렸다.

“세상에 이렇게 농사를 하는 나라가 어디 있기나 할까?”

그녀는 다시 한숨 섞인 소리로 혼잣말을 했다. 이들이 어린 애가 종자를 파내 간 것을 알아낼 방도가 도무지 없다고 이구동성으로 말하자 분조장이 처음부터 다시 심자고 말하였다. 그 말이 끝나자 한 남자가 마치 자기가 분조장이기나 한 것처럼 말했다.

“엎어진 김에 쉰다고 이렇게 된 바에 오전 일은 그만하고 집에 가면 좋겠소. 어디 맥이 풀려 일이나 하겠소?”

“당신들이 하고 싶은 대로 하오. 나도 이제는 모르겠소.”

분조장은 맥없이 뒷짐을 지고 어슬렁거리며 오던 길로 되돌아갔다. 5월의 따스한 햇볕이 아무 일도 없다는 듯이 그들의 온몸을 포근히 감싸 주었다.

동태 세 마리를 먹은 아이

　오직 먹을 것을 얻어야만 살 수 있다고 하여 함경도 사람들이 황해도로, 평안도 사람들이 자강도로, 강원도 사람들이 평안도로 행여나 하고 정확한 목적지도 없이 동분서주하면서 유랑도 아니고 방랑도 아닌 방랑자 같은 생활을 하던 때의 웃지 못할 이야기이다.

　량강도라고 하면 광복 이후 함경도와 평안도의 일부를 떼어내어 만든 도인데 량강도에서 우리나라의 장강이라 불리는 2천리 압록강과 7백리 두만강이 흐르기 시작하고 나라의 성산 백두산도 여기에 있다. 삼수갑산이라고 하면 량강도라는 뜻인데, 말 그대로 험산준령과 그 사이사이에 있는 협곡들뿐이다.

　나도 먹을 것을 찾아 인적이 드물어서 사람들이 감히 다닐 엄두도 내지 못하는 량강도의 깊고 깊은 산간마을을 찾아가게 되었다. 동해안의 물고기와 풋고추를 가지고 감자와 바꾸려고 딸애와 함께 량강도에 집시같은 모습으로 가게 된 것이다. 내가 찾아간 량강도 후창은 어찌나 지대가 높고 험한지, 고추나 강냉이와 같은 농작물은 아예 심지도 못하고 심을 수 있는 것은 감자와 귀밀뿐이었다. 교통이 어찌나 불편한지 가뭄에 콩나듯 이따금씩 들리는 감자를 얻으려고 오는 사람들이 바깥 세계와의 연계를 하는 소식통이다. 그들이 살고 있는 집은 통나무 기틀에 나무를 쪼개어 기와 대신 얹은 집이었다.

내가 들렸던 집은 삼십대 중반의 부부가 두 아이들과 함께 살고 있는 가정으로 감자만 먹으며 원시적인 모습으로 살고 있었다. 그러나 그들은 순박하고 솔직한 마음씨를 갖고 있었다. 그들이 살아가는 방법은 어쩌다 지나가는 혜산행 기차가 몇 분간 서는 간이역에서 잘게 팬 나무를 넣은 마대 대여섯 개를 열차 지붕 위에 올려 혜산으로 타고 가서 그 나무를 팔아 중국에서 넘어오는 성냥, 강냉이 쌀, 석유 등 생활에 없어서는 안 될 물건을 사오는 식이었다.

내가 그 집의 어두운 방안에 들어서서 시력이 적응되자 그제야 보이게 되어 한쪽 구석에 누워 있는 칠팔 세로 보이는 여자애가 눈에 띄었다. 눈만이 유난히 커다랗고 움푹 들어간 것이 보기조차 끔찍한 광대뼈와 어울려 살아 있다고는 믿기 어려울 정도의 모습이었다. 하마터면 죽은 애가 아닌가 하고 물어볼 뻔할 정도였다. 너무나 한심하여 그 애 어머니에게 아무리 힘들어도 어린애를 저 지경까지 만들지 않으면 안 되었는가 하고 제법 신중하게 물어보았다. 아이 어머니의 대답이 두 번 다시는 들어 볼 수도 없는, 내가 죽을 때까지도 잊을 수 없는, 또 잊어서는 안 될 너무나도 기상천외한 대답이었다.

"그래보아도 지난 일 년 동안 동태를 세 마리씩이나 먹은 애가 저 모양이랍니다."

그녀의 대답은 동태 세 마리이면 그 무슨 큰 소나 잡아먹은 것과도 같다는 대단한 보양식이라는 뜻이어서 나는 서글픈 웃음으로밖에 어떻게 말을 이어갈 수가 없었다. 그녀는 지금은 이렇지만 자기 아버지 말에 의하면 해방 전에는 아편을 심어 입쌀밥에 물고기 같은 것은 부러워하지 않은 시절도 있었다며 그 옛날이 되돌아 왔으면 하는 생각을 은근히 내비쳤다.

마지막 보물

나에게는 내가 인간으로 살아가는 한 잊을래야 잊을 수 없는 한 사나이의 죽음의 순간이 있다.

석탄 없이 한 겨울이지만 난로불도 못 피우고 전기가 없어 불도 켜지 못하는 어둠 속에 잠긴 병원에 화물차가 들이닥쳤다. 촛불로 자동차에 실려 온 환자를 살펴보니 머리가 깨어지고 희고 피 묻은 두뇌가 커다랗게 밖으로 튀어나온 것이 보였다. 의사도 간호원도 너무나 끔찍하여 입만 벌린 채 말을 못했다. 환자를 실어 온 역전 직원이 환자가 열차 위에서 철길에 떨어졌다는 말만 하고 돌아갔다.

우리가 부랴부랴 환자를 처치하려고 눕히려는데 그의 잔등에 때가 묻고 구멍들이 난 헌 배낭이 지워져 있었다. 배낭을 벗기려 했으나 환자가 두 손으로 어깨의 배낭끈을 얼마나 꽉 틀어잡았는지 도무지 벗길 수가 없었다. 간호사가 환자를 안은 채 상처 주위의 머리를 깎기 시작하였다. 머리를 깎고 소독을 하고 골절된 머리의 골편들을 핀셋으로 하나하나 처리하는데 환자 상태를 관찰하던 관찰의사가 거의 기계적인 목소리로 말했다.

"사망했습니다."

관찰의사의 말이 끝나자 환자의 굳어진 두 손을 풀고 배낭을 벗겼다. 곧바로 담가에 환자를 눕히고 백포를 덮어 주었다.

우리는 환자가 죽으면서도 마지막까지 손에서 놓지 않았던 그 배낭 안에는 돈이 있거나 아니면 돈이 될 만한 비싼 물건이라도 있을 것이라 판단하고 배낭을 풀어보았다. 배낭 안에 있는 조그마한 천에 싼 꾸러미를 헤쳐 보니 한 사발 정도 되는 샛노란 강냉이 삶은 것과 손가락 같은 염장한 무 대여섯 개와 비닐에 싼 한 줌 가량의 소금이 전부였다. 죽으면서도 놓지 않으려던 그 보물을 보는 우리들의 눈곱에는 저도 모르게 이슬이 맺혔다.

사돈 인사

봄도 끝나가고 여름이 시작되는 어느 하루. 나의 친구가 길에서 만나 오래간만에 인사를 나누던 차에 웃지도 울지도 못할 싸움을 한 이야기를 했다. 그는 꽤나 큰 종합병원의 의사였다. 하루는 너무나 여위어 뜨고 있는 눈만이 살아 있는 사람이라는 것을 말하여 주는 한 사나이가 그에게 시비를 걸었다.

"여보시오. 의사는 웃어른 사돈을 보고 인사도 할 줄 모르는가?"

환자는 사람들이 많은 것도 개의치 않고 성을 냈다.

"아니, 의사는 모르는 사람을 보고도 인사를 해야 되오?"

황당함을 느낀 의사가 반문했다.

"사람을 보고도 알아보지 못하는 놈이 의사는 어떻게 해?"

환자가 고함을 지르며 다시 모욕을 주었다.

"그래, 너는 너의 처삼촌도 알아보지 못하니?"

의사가 자세히 환자를 관찰해 보니 처삼촌이 옳더라는 것이었다. 얼마나 사람이 여위었으면 처삼촌도 알아보지 못할 정도로 변

했겠는가? 이야기를 끝내면서 그도 서글픈 웃음이고 나도 너무나
도 어처구니없는 현실에 쓴웃음을 지을 수밖에 없었다. 이것이 내
가 그렇게도 그리워하고 가고 싶어 하는 나의 고향의 현실이라고
생각할 때 나도 모르게 눈곱이 젖어든다.

살구꽃

나에게는 형제보다도 가깝고 정이 깊은 여자 친구가 있다. 그런데 이 여자친구는 해마다 봄이 오면 꽃이 피고 나비가 날아드는 좋은 계절이지만 꽃이 피는 곳이라면 아예 피하거나 눈길도 돌리지 않는다. 특히 곱게 피어 사람들의 눈길을 끄는 살구꽃을 보기만 해도 눈물부터 흘린다. 나는 그에게 잊지 못할 사연이 있다는 것을 알아채고 그 사연을 듣게 되었다. 그녀의 사연은 아래와 같다.

그녀에게는 두 딸과 한 아들이 있었다. 제일 어린 딸은 4살, 그 위로 6살이었고, 9살이 된 아들이 있었다. 그들이 가는 곳마다 먹을 것을 찾아 헤매며 끔찍하게 여위어 산송장 같이 영양실조로 비틀거리는 사람들의 무리와 굶어 죽은 사람들의 시체를 여러 차례 보아야만 했다. 이처럼 엄혹한 현실은 그녀로 하여금 아버지 없는 애들이지만 어떻게 해서라도 굶겨 죽여서는 안 된다는 생각을 갖게 하였다.

자신이 할 수 있는 모든 것을 다하려고 마지막 안간힘을 쏟던 어느 봄날이었다. 그녀가 먹을 것을 좀 구하려고 하루 전에 집을 떠나 이틀 만에 집에 돌아와 보았더니 그렇게도 귀엽고 사랑스럽던 4살짜리와 6살짜리의 두 딸이 검게 변한 시체로 되어 이불 속에 누워 있고 아들은 두 동생이 죽었는지 살았는지도 모르고 어머니만 기다리면서 문 밖에서 벽에 기댄 채 잠들어 있었다.

그녀가 집을 떠날 때 풀죽을 얼마간 남겨 놓고 떠났는데 어린 아이들인지라 항상 배고픔에 시달리다 보니 앞뒤를 다 가리지 않고 하루에 다 먹어버리고 다음날에는 굶고 있었다. 어찌나 배고팠던지 4살짜리가 누가 버렸는지 모를 묵은 살구씨를 얼마간 주워가지고 와서는 오빠와 언니에게 이것을 먹지 못하느냐고 물었다. 9살짜리가 집에 들어가 망치를 내다가 하나 하나 깨어 씨를 빼어 모아 놓으니 먹을 수 있을 것 같아 한 알씩 먹어 보았다. 보기와는 달리 어찌나 썼는지 그대로는 먹지 못하고 불에 볶으면 먹을 수 있을 것 같은 생각이 들어 냄비에 볶았다. 살구씨를 볶아서 먹어 보니 생것보다는 먹기가 괜찮았다. 배고픔이 얼마나 심하였던지 4살짜리와 6살짜리는 쓴 것도 아랑곳하지 않고 한줌 정도 되는 살구씨를 다 먹어버렸다. 9살짜리는 몇 알 먹다가 못 먹겠다고 버렸는데 두 딸은 그것마저도 하나하나 주워 먹었다.

살구씨를 먹은 십여 분 뒤에 작은 딸이 먼저 배가 아프다고 하더니 바지를 벗을 사이도 없이 그대로 오줌을 누고 방안에 들어가 누더기 같은 이불을 덮고 누워 버렸다. 이어 큰딸도 배가 아프다더니 오줌을 누고 이불을 덮고 누웠다. 동생들이 바지에 오줌을 싼 채 그대로 이불을 덮고 눕자 아들은 두 동생이 죽어간다는 것도 모르고 이불을 얼굴까지 뒤집어 씌웠다. 두 애의 피부가 너무나도 검게 보이기 때문에 한 마을에 살고 있는 의사에게 그들의 시체를 보여주었더니 살구씨에는 시안화라고 하는 독성물질이 있어 중독되어 죽었기 때문이라고 하였다.

이야기를 마치는 그녀의 두 눈에는 눈물만이 줄줄이 흘러내리고 다음 말은 잊지 못하였다. 나도 그녀와 비슷한 불행을 겪은 인생이라 나도 모르게 나의 두 눈에도 눈물이 흘러내리고 있었다.

굶다가 너무 많이 먹었더니

배고프고 춥고 얼마나 살기 힘든지 모든 것을 다 포기해 버리고만 싶은 고달픈 인생의 나날이었다. 그러나 사람들은 새해에는 그 어떤 변화라도 찾아오지 않을까 하는 일루의 희망을 안고 살아간다. 새해를 하루 앞둔 한 해의 마지막 날, 마음 한편으로는 서글픔을 느끼고, 다른 한편으로는 희망을 가지고 석양에 물든 겨울 해를 바라보며 치료실에 앉아 있었는데 들것에 들린 환자가 들어왔다.

거의 기계적이고 본능적으로 환자를 시진하고 혈압과 맥박을 재보니 위험한 중환자였다. 나이는 스물여덟 살의 처녀로 자그마한 공장의 경리원이라고 했다. X선 검사를 하여 보니 급성 위확장증이라는 진단이 나왔다. 급성 위확장증이라는 병은 너무 많은 음식을 먹어 위가 갑자기 늘어나서 음식물을 위에서 장으로 내보낼 수 없게 되는 상태를 말한다.

두말없이 수술만이 생명을 구하는 길이었다. 환자의 상태는 수혈이 필요하고 포도당이 필요했다. 수술실의 온도를 20° 이상 보장하여야 하는데 수술실을 따뜻하게 할 만한 석탄도 없으니 수혈은 엄두도 낼 수 없었다.

부랴부랴 수술조를 구성하여 수술을 시작하였다. 그녀의 위에서 5ℓ 음식물을 꺼내 수술대야에 담고 보니 우리도 믿어지지가 않았다. 망년회에서 먹을 음식을 준비하라고 처녀에게 시켰었는데 얼마나 배가 고팠던지 음식을 준비하면서 정신없이 먹었던 것이다. 그녀도 물론 이것이 이십팔 세의 청춘의 마지막 길이 되리라고는 생각지도 못하였을 것이다.

위를 봉합하기 시작하여 봉합을 절반쯤 하였을 때 집도 의사가 혈압이 떨어지면서 허탈에 빠졌다. 남을 살리기는커녕 주치의사가 응급환자실로 실려 가는 신세가 되었다. 새로운 의사를 불러 수술을 하기 위하여 손을 소독하고 수술복을 갈아입는 사이에 그 처녀환자는 쇼크에서 벗어나지 못한 채 수술대 위에서 숨을 거두었다. 처녀의 시신은 담가에 실려 나가 시체실에서 새해를 맞이해야 했다. 시체가 되어 들려 나가는 모습을 보는 나의 머리에는 저렇게 죽어서는 안 되겠다는 생각이 번개처럼 스쳐갔다.

"억센 사나이는 가난하지 않다."

로마의 역사와 함께 그 이름을 세계에 남겼던 줄리어스 시저가 스파르타쿠스에게 하였던 이 말을 살아가기 위한 신념으로 삼으리라고 굳게 결심하면서 짙어가는 밤하늘을 보며 혼자 말을 하였다.

삼부자 행진

　보슬비가 내리고 을씨년스러운 5월말의 아침이었다. 멀건 시래
기죽이나마 아침식사라고 온 식구가 밥상에 둘러앉는데 갑자기 막
내아들이 말했다.

　"어머니, 어머니, 빨리 여기로 와서 저기를 보시오."

　너무나도 다급한 소리에 나 또한 창가로 가서 우리 아파트의 앞
으로 뻗어 있는 널따란 아스팔트길을 내다보았다. 길에서는 세상
에서 두 번 다시 볼 수 없는 괴상망측한 자세로 세 사나이가 걸어가
고 있었다. 무엇인가가 15kg 정도 들어 있는 것으로 보이는 배낭을
세 사람이 똑같은 모습으로 머리 위에 쳐들고 앞가슴과 잔등에는
흰 마분지에 '감자 도적놈'이라고 쓴 패쪽을 달고 있는 것이 아닌
가. 세 사람은 마치 달리기 선수인양 런닝셔츠 바람에 신발도 신지
않은 채 맨발로 걸어갔다. 그들의 뒤를 권총을 찬 안전원이 따라
걸었다. 때때로 안전원이 그들에게 아파트를 향해 마주 서라고 외
치면 그들은 시키는 대로 했다. 그들이 창피스럽고 부끄러워 머리

를 숙이기만 하면 안전원이 그의 귀뺨을 불이 번쩍 나게 때렸다.

"이놈들이 지난밤에 농장의 감자밭을 습격하여 한 정보나 되는 감자를 뿌리 채 뽑아서 새 알 같은 감자를 모조리 도적질했습니다."

안전원이 창밖으로 내다보는 사람들에게 이들의 도적질에 대하여 비교적 정중한 말투로 설명을 했다. 사람들 앞인지라 50대로 보이는 남자가 고개를 숙이자 이번에는 아예 사람들에게 엄포나 주려는 듯이 그 남자의 얼굴을 주먹으로 때리고 구둣발로 그의 정강이를 걷어찼다. 균형을 잃은 남자가 아스팔트길에서 넘어지면서 그가 들고 있던 배낭에서 안전원이 말하던 대로 새 알 만큼밖에는 되지 않는 감자가 쏟아져 사방으로 퍼졌다. 그의 코에서는 붉은 피가 흘러내리고 하늘에서 내리는 보슬비가 코피와 어울려 그의 앞가슴을 붉게 물들였다.

"야 이 도적놈의 새끼들아, 빨리 감자를 주워 담아라. 네 같은 놈이 어떻게 작업반장을 다하니? 한 집에서 세 놈이 도적질하다가 붙잡히기는 내 안전원 생활 20년에 보지도 못했다."

이렇게 말하면서 안전원이 권한이라도 시위하는 듯이 감자를 줍고 있는 두 청년의 엉덩이를 발로 냅다 차 그들을 앞으로 나뒹굴게 했다. 아스팔트길 위에 흙물에 엎어져 온통 흙탕물 투성이인 그들의 얼굴에 하늘에서 보슬비가 내리니 마치 물에 빠진 생쥐 모양이 되어 갔다.

우리 집 옆의 창가에서 내다보던 사람이 말했다.

"저 강도 같은 새끼가 장마당에서는 대낮에 장사를 단속한다면서 먹을 것이든 입을 것이든 눈에 뜨이는 것은 모조리 빼앗는 날강도인 주제에 감자나 캔 사람을 잡아가지고 저렇게 지랄이야. 굶어 죽는 판이라 도적질하지 않는 사람이 머저리지. 그러니까 지금 도적질한 것이 죄가 아니라 잡히는 것이 죄라고 사람들이 말하지."

사람들이 도적질한 사람을 욕하는 대신에 그들을 끌고 다니는 안전원을 몹쓸 놈이라고 욕한다. 그때였다.

"여보, 안전원 동무, 그 사람들이 도적질한 것은 잘못이지만 많은 사람들이 보는 앞에서 구둣발로 사람을 차고 주먹으로 때리는 것이 안전원의 특권이오? 꼴도 보기 싫으니 어서 우리 아파트 앞에서 떠나시오."

거의나 격분에 찬 목소리로 한 사나이가 외쳤다. 그 말에 안전원이 아파트를 향해 소리친다.

"뭐야?"

"왜, 내가 하지 못할 말을 했소? 어디 내가 한 말에서 잘못된 것이 있으면 어디 한 번 시비를 해보시오."

방금 소리치던 사람이 지지 않고 마주 소리쳤다. 그제야 안전원이 세 사람을 또다시 감자가 든 배낭을 머리 위에 추켜들게 하고는 비오는 거리로 걸어가게 했다. 그 모습을 바라보던 사람들이 혀를 차면서 혼잣말처럼 되뇌었다.

"굶어 죽을 판에 사람을 잡아먹지 않는 것이 다행이지, 감자를 도적질한 것이 무슨 그리 큰일이야. 자기들은 뒷구멍으로 배급을

타먹으면서도 공짜가 없는가 눈이 뒤집혀 돌아다니는 주제에."

　이미 전부터 알고 지내던 사이인지라 그 다음날 나는 세 남자의 집에 찾아갔다. 그 집 아주머니가 비가 오듯 눈물을 흘리며 하소연하던 그 모습은 어제 일인듯 지금도 눈앞에 선하다.

　"지역 책임자 집에서 온 동네가 아는 도적질을 했으니 어떻게 부끄러워 살겠소. 구류장에서 아들과 남편이 매 맞는 것을 생각하면 살점이 떨어지는 것만 같소. 자살이라도 하고 싶지만 그러는 날에는 아예 더 큰 소문이 날까봐 이러지도 저러지도 못하겠소."

백발의 여인

가을철에는 누구나 바쁘게 보낸다. 다가오는 겨울에 대비하여 땔감과 먹을 것을 할 수 있으면 더 많이 얻어 두어야 하기 때문이다. 무든 배추든 고추든 사람이 먹는 것이라면 모든 것이 부족하다.

내가 연신 시계를 들여다보면서 퇴근 시간을 기다리고 있었는데 한 여인이 들어서며 말했다.

"늦어서 미안해요. 어쩔 수 없어 이렇게 늦게 왔으니 양해하여 주십시오."

여인은 30대도 되어 보이지 않는 얼굴인데 희끗희끗한 흰 머리가 많이 보였다.

"나이가 어떻게 되었소?"

"스물아홉 살입니다."

여인은 낯을 붉히며 말했다.

"그 나이에 벌써 머리가 희다니, 무슨 병을 앓았소?"

내가 물어보자 여인은 한숨을 쉬며 말했다.

"병 때문이라기보다는 마음고생이 너무 심하여 이렇게 된 것 같습니다."

"구급환자가 아니면 오늘은 치료하기 곤란하니 무슨 병 때문인지 말하시오."

"그동안 여기저기 다니며 잠도 잘 못 자는 생활을 하다 보니 마음고생이 심했고 밥도 제대로 못 먹었습니다. 사람들이 결핵에 걸린 것 같다고 하여 창피해서 이런 시간에 왔습니다. 비행사 가족은 결핵이 있으면 곤란해요."

여인은 눈물을 글썽이며 말했다.

"그럼 집이 어디인지 시내로 가면서 이야기하오." 나는 문의 자물쇠를 잠그며 나섰다.

"저의 남편이 비행사인데 소련에 비행 훈련을 갔댔습니다. 그런데 소련에 갔던 비행사들 속에서 반국가 움직임이 있었다며 전부 소환하여 순천 비행장에 잡아두고 2년간 검토했습니다."

그녀는 나로서는 뜻밖의 무서운 사실을 큰일이 아닌 듯 이야기하기 시작하였다.

"조용히 말하시오. 다른 사람이 들으면 안 되는 비밀 같구만."

"남편도 거기에 걸리지 않았는지 근심하다 보니 밥도 먹지 못하고 잠도 자지 못하여 병에 걸린 것 같습니다."

"어떻게 아픈가요?"

"밥맛이 없고 맥이 없고 마른기침이 나며 잠을 잘 때에도 식은땀이 나고 여위여만 갑니다."

여인은 조리가 밝게 말했다.

"그 말대로라면 결핵 중독 증상이 옳은 것 같소. X선 검사와 각 담 검사, 피 검사까지 해야 확신이 되니 내일 오시오."

내가 집으로 가는 길로 들어서고자 하는데 그녀는 여성 특유의 애교 섞인 말투로 웃으며 말했다.

"급한 일이 없으면 저의 집으로 가면 좋겠는데요. 같이 갑시다."

"남편이 지금 집에 있소?"

"남편이 없이 나 혼자 뿐이면 가자고 해서는 안 되지요."

소련에 유학 갔던 비행사들의 반국가 시도에 대해 풍설로나마 듣고 있던 나는 어찌나 호기심이 나는지 두말없이 그녀를 따라갔다. 함께 걸어가면서 내가 그녀의 손을 살며시 잡았다.

"왜 여자의 손을 함부로 잡아요?"

그러면서도 여인은 손을 빼내지 않고 그대로 쥐게 한다. 그녀의 말에 개의치 않으면서 나는 그녀의 손목을 몇 분간 쥐고 맥박을 가늠해 보았다.

"지금도 몸에 미열이 있는 것 같소. 맥박이 정상보다 10개 빠르면 체온이 1° 높은 것이오. 결핵 환자의 특징은 열이 나도 견리로 본인이 열이 나는 것을 잘 모른다는 것이오."

나는 그녀의 손을 놓으며 알려 주었다. 이야기를 주고받는 사이에 그녀의 집에 도착했다. 미리 식사를 차려 놓은 상이 보이고, 군인 내의만 입은 젊은 사람이 인사를 한다. 사람들은 의사에게 미리 식사 한 끼라도 잘 대접하면 치료도 그만큼 잘하여 준다는 것을 알고 이렇게 선손을 쓴다. 그녀의 남편과 함께한 식사를 마치고 남편에게 그녀가 결핵에 걸린 것이 옳은 것 같다고 말하였다.

"갈수록 심산이라더니 내가 살아나자 또 다시 문제가 생겼구만."

그가 한숨을 쉬며 넋두리를 했다.

"처음에 결핵에 걸리자 즉시에 이소니아지드(isoniazid), 스트렙토마이신(streptomycin), 리팜피신(rifampicin)으로 삼자 강화 돌격 치료를 하면서 비타민제나 주면 한 달 내에 열이 떨어지고 두 달이면 병조가 흡수되기 시작합니다. 내가 아직 구체적으로 보지는 않았지만 근심할 것 같지는 않은 상태 같소. 그럼 소련 갔던 일이나 들려주시오."

내가 묻자 그는 나직한 목소리로 말했다.

"나와의 이야기는 큰 비밀은 아니지만 함부로 말했다가는 시끄러울 수 있습니다. 우리가 소련에 간 것은 소련 국방부장이 우리나라에 왔다가 비행사들의 비행 일지를 보게 되었습니다. 일지에서 우리의 40살 먹은 비행사의 비행시간이 소련 비행사 25살짜리 보다 더 적은 것을 보더니 어떻게 기술이 제대로 되겠느냐고 말했습니다. 그리고 자기들이 비행기도 대주고 기름도 거저 주겠으니 소련에 와서 훈련하라고 했습니다. 그래서 공군사령부 산하 전투기 비행사들이 소련에 가서 두 곳에 나누어 훈련했지요."

"무슨 비행기를 탔소?"

"미그 29기를 탔습니다. 비행 속도나 무장 장비는 미그 23기와 비슷하지만 비행사의 안전과 생명보장에 특별히 많은 시설을 하였습니다. 전투 중에 비행사가 부상당하거나 의식을 잃으면 비행기가 프로그램 장치에 의해 자동적으로 전투에서 이탈하여 기지로 돌아오고 기지 상공에 와서 세 바퀴 선회하여도 착륙 신호가 없으면 비행사를 자동 탈출시키고 비행기는 몇 십 키로 거리에 날아가 폭발되게 되어 있습니다. 한 눈에 보면서 조정해야 될 조종 장치만도 몇 십 개나 되는 최첨단 전투기입니다."

그의 말에 나는 깜짝 놀랐다.

"그래, 반국가 시도에 대한 검토에서는 어떻게 살았소?"

"그 말은 하지 마시오. 생각도 하기 싫습니다. 2차에 걸쳐 했는데 1차에서 살아남은 사람은 다시 순천에 모아 놓고 또 1년이나 검토했습니다. 비행사들에 대해서는 특별히 배려하는데도 이런 일이 있으니 조사가 심하지요."

그는 우울하게 말했다.

"우리 비행사뿐만 아니라 가족도 배려가 대단합니다. 범죄자가 가족이나 형제들 속에서 생겨도 특별히 용서해 주고 가족도 시군당 11좌에서 직접 담당하여 11좌 지도원이 돌봐 주고 간부 치료원까지 붙여 줍니다. 간부 치료원만 있으면 가고 싶은 병원에 아무 때나 갈 수 있고 식사와 약품도 특별히 따로 보장합니다. 그런데도 먹고 사는 것이 힘들어지니 요즈음 비행기 연료로 들어오는 기름을 팔아먹다 잡히는 사람들도 있답니다."

그는 비행사의 긍지를 가지고 자랑을 하였다.

"비행사들은 집단 사택에 살고 있어서 결핵 환자가 있으면 꺼립니다. 특히 가족들도 비행사 가족만 따로 조직하여 생활하고 있는 형편이어서 여기서 치료를 끝내고 가야 되는 형편입니다. 선생의 동생이라 생각하고 힘닿는 대로 도와주시오."

그가 부탁하면서 여과 담배와 술 한 병을 꾸려서 나에게 주었다. 나는 못이기는 척하면서 그가 주는 것을 받아 들고 그의 집을 떠났다. 그 후 그녀는 원장도 만나고 비서도 만나면서 치료를 적극적으로 하였다. 병가 호전되고 혈액검사도 정상 수치가 되자 남편이 있는 곳으로 떠났다.

마지막으로 그녀가 나를 찾아와 눈물을 글썽이며 말했다.

"서른이 되기 전에 머리가 희여 한켠으로 부끄럽고 다른 한켠으로는 너무나 조마조마한 마음으로 살아가야 되는 세상이 무섭기도 합니다. 앞으로 병이 다시 재발하면 나는 여기 와서 치료를 하겠습니다. 두세 달 사이에 아마 정이 든 것 같습니다."

나에게 여과 담배 한 보루를 준다. 세월은 흘러갔으나 지금까지도 서른 살이 못 되어 머리 희어진 여인의 그 모습을 눈앞에 보는 듯하다.

죽음을 택한 벙어리

그해 2월은 어찌나 추웠던지 치료실이라기보다는 냉장고라고 할 만큼 차가운 방에서 순간순간을 견디어야 했다.

밤이 깊어 자정이 넘었을 때 처녀 한 명과 남자 셋이 갑자기 들이 닥쳤다. 한 남자가 입을 두 손으로 싸쥐고 환자 치료용 의자에 쓰러지듯 기대며 앉았다.

나는 젊은 사람이 예의도 차리지 않고 무례하게 행동한다고 속으로 아니꼽게 생각하면서 어디가 아파서 왔느냐고 물었다. 나의 말은 들었는지 고개만 숙이고 아무런 응대도 없자 나는 술에나 취하지 않았는가 하여 그의 입가에 코를 대고 술 냄새를 맡으려고 하였다. 그러나 술 냄새는 없었다. 내가 다시 어디가 아프냐고 물었으나 여전히 아무 대답도 없었다. 춥고도 힘들던 나였던지라 함께 온 사람들에게 물었다.

"어디서 왔소?"

그들은 대학생들이라고 대답하였다. 내가 다시 무슨 환자이냐고 물으니 그들도 모르겠다는 것이었다. 대학생이라 하니 벙어리가 아니라는 것은 너무나도 명백하였지만 나는 하도 말 을 하지 않기에 한 마디를 하였다.

"벙어리야 아니겠지?"

그래도 무응답이다. 나는 하는 수 없이 고개를 숙이고 기대앉은 대학생의 입을 싸쥔 두 손을 떼어내고 보았다. 희미한 석유 등불에 너무나도 끔찍한 상처가 드러났다.

입술은 부어올라 찢어지고 두 손은 피로 얼룩졌다. 내가 무심결에 환자의 아래턱을 손으로 만지며 진찰하여 보니 세 곳이나 골절되어 아래턱은 움직일 수가 없는 상태로 되어 있었다. 내가 소리치다시피 신경질적으로 함께 왔던 대학생들에게 어떻게 된 일이냐고 물었다.

아무도 말하지 않자 처녀 대학생이 눈물을 떨구며 겨우 말을 꺼냈다.

"우리나 너무나 배가 고파 김치라도 먹자고 도적질하러 갔다가 집주인이 몽둥이로 때리는 바람에 저렇게 되었습니다."

나는 우선 진통제 주사를 놓고 대학 병원 의뢰서를 작성하였다. 날이 너무 춥기 때문에 밤이 깊은 때에 돌아가다가는 동상까지 당할 수 있어서 두어 시간 기다렸다가 돌아가라고 하였다. 그들은 기다리면서 내가 묻는 말에 대답해 주었다.

자기들이 먹는 식사가 강냉이 가루 죽인데 어찌나 묽은지 종이를 발라도 붙지 않겠다고 며칠 전에 학교로 와 보던 부모 중의 한 사람이 말했다는 것이다. 호실에 난방이 없어 옷은 입은 그대로 자고, 신발은 도적질하는 사람이 많아 베개 대신 베고 잔다고 했다. 그들의 말을 듣고 보니 도적질하다가 매를 맞았다는 도적놈이라는 생각은 가뭇없이 사라지고 얼마나 배가 고팠으면 이 추운 겨울에 김치나 먹으려고 저렇게 했겠는가 하는 동정심이 더 들었다.

나는 두어 시간 지나자 그들에게 돌아가라고 하면서 다음날 오전 아홉 시경 여기로 와서 대학병원 의뢰서를 가지고 대학병원에 가라고 알려 주었다.

그런데 아래턱이 심하게 골절되었던 그는 다시는 병원에 찾아오지 않았고 대학병원에도 가지 않았다. 훗날 내가 그 대학에서 온 다른 대학생에게 그 환자에 대하여 물어보니 무슨 병 때문에 죽었는지는 모르겠으나 죽었다고 했다. 병원에서 환자를 접수할 때 어디서 어떻게 다쳤는가를 알아보게 되는데 아마도 도적질하다가 매를 맞아 다쳤다고 말하기가 어려워 차라리 죽는 것이 낫다고 생각하여 병원에 가지 않고 자기 스스로 죽음을 택한 것으로 짐작되었다.

개 명찰

　아파트가 줄줄이 늘어선 큰길가에서 두 사나이가 죽기내기로 치고 차고 하며 피를 흘리면서 보기에도 끔찍하게 싸움판을 벌리였다. 나는 가던 걸음을 멈추고 광대뼈만 남은 여원 두 사람이 도대체 무엇 때문에 그렇게 싸우는지 알고 싶기도 하고 싸움도 말려야 되겠다는 생각으로 그들의 싸움을 말리게 되었다.

　싸움의 전말인 즉 이러하였다.

　얼마나 먹을 것이 없었던지 사람들의 굶어 죽는 것은 별로 큰 일로 생각지도 여기지도 않던 때였지만 살아있는 개들이 먹을 것을 찾다 못해 강냉이 밭에 가서 서 있는 강냉이 이삭을 따먹기 시작하였다. 이 사실이 평양에 보고되자 개들이 강냉이를 따먹으면 그 주인에게 책임을 묻는다는 지령이 내려와 개의 목에 개 임자의 이름을 쓴 패쪽을 달라고 하는 지시가 내려졌다.

　어떤 사람이 자기의 이름을 개의 목에 달고 다니게 하자니 부끄럽기도 하고 수치스럽기도 하고 책임지기도 싫은 마음에서 아무렇게나 생각나는 이름을 써 붙였다. 그런데 그 이름을 가진 사람이 자기 이름을 달고 다니는 개를 보자 남의 이름을 개의 목에 달게 다니게 하여 도적의 누명을 씌우려 한다고 개주인과 싸움이 벌어졌다. 재미있는 것은 개주인은 개가 자기의 것이라고 주장하고, 명찰과 같은 이름을 가진 사람은 자기의 이름을 써 붙였기 때문에 자기의 개라고 우겨서 싸움이 끝나지 않았다.

사연을 듣고 보니 사람이 이 지경까지 오지 않으면 안 되는 다른 길은 없을까 하는 막연한 생각이 나의 머리를 맴돌았다.

제 4부

슬픈 사랑의 노래

슬픈 사랑의 종말

가을이라고는 믿지 못할 만큼 더운 열기로 땅을 뜨겁게 해 주던 태양이 붉은 노을을 그리며 서산에 기우는 오후 5시 경이었다. 두 남녀가 파란 잔디로 덮여 있는 커다란 묘지의 옆 평평한 곳에 서로 마주앉아 신문을 펴서 술 한 병과 안주 몇 가지를 놓고 조용조용 속삭이고 있었다.

"인생이란 그저 그렇구나. 내가 너를 알게 되어 미친 듯 사랑해 주던 그때가 다시 오면 얼마나 좋겠니? 얼마나 뜨겁고 얼마나 미친 듯이 너를 사랑했었는지는 네가 잘 알고 있지? 육년 세월이 어제 같구나. 내가 너를 알게 된 것은 행운이기도 하고 불행이기도 하다. 그 뜨겁던 애정과 즐거웠던 것이 오늘은 나에게도 너에게도 비극이 되는 구나. 나는 더는 여한도 소원도 없다. 마지막으로 너를 안아 보자."

남자는 말을 마치며 여인의 손을 잡아당겨 품에 끌어안는다. 그리고는 거의 오 분이 넘도록 아무 말 없이 앉아만 있었다. 드디어 그녀를 품에서 놓아 주고 넘어져 있던 술병을 들어 병뚜껑을 열더니 병째로 마신다. 술병을 신문지 위에 놓고 다시 그녀의 얼굴을 두 손으로 잡고 찬찬히 뜯어본다. 마치 영원히 기억하려는 듯한 모습이었다.

"잘 있거라! 부디 행복해라."

그의 말이 끝나자 그녀는 그 무엇을 예감한 것처럼 그 남자를 쳐다보며 말했다.

"오늘은 이상하게만 하시는 군요. 제가 모든 것을 책임질 테니 다른 나쁜 생각은 마세요."

그 순간 그 남자는 옷 밑에서 권총을 꺼내 들었다. 너무도 놀란 여인이 돌처럼 굳어졌다.

"내가 나의 생명으로 자존심만은 지키려 하니 너는 사람들 앞에서 부끄러워하지 않아도 된다. 오늘 나를 잘 대해 주어 고맙다."

남자가 말을 끝내며 권총으로 귀의 바로 위에 대고 방아쇠를 당겼다.

"땅"

야무진 단발 총소리와 함께 그 남자는 앞으로 고꾸라지고 머리에서는 피가 쏟아져 산우리에 뿌려졌다.

그로부터 퍽이나 시간이 지나 크지 않은 분주소 건물 안으로 두 손에 피가 묻고 풀어진 머리에 나뭇잎 조각 같은 것이 묻어 있는 정신 나간 여인이 아직도 가스냄새가 나는 권총을 쥐고 뛰어들었다.

대여섯 명 되는 안전원들이 그 모습을 보고 언제 총이 발사될 지 모르는 위험을 보고 새파랗게 질려 구석에 몰리고 책상 밑에 기어들었다.

"야, 총을 내려라! 너 경숙이구나. 빨리 총을 내려라."

안전원들이 구석에서 소리쳤다. 그 소리에는 전혀 개의치 않고 여인이 권총을 들고 목석처럼 서 있었다. 너무도 놀라 거의 정신 나간 여인은 몸이 굳어져 총을 쥔 손을 풀 수가 없었다. 대담한 한 남자가 여인의 뒤로 가서 천천히 팔을 잡고 손을 아래로 누르며 권총을 빼앗았다. 안전원들이 여인에게 사연을 몇 번 씩이나 물었다. 그러나 여인은 손으로 어디를 가리키기만 할뿐 입을 열지 않았다. 여인을 앞세우고 가서야 그들은 잔디 위에 이미 시체가 되어 있는 자기들의 동료를 발견하였다.

4년 전이다.

창준이가 밤 근무로 순회를 하느라 공장 안의 여기저기를 돌아보며 다니는데 사무실의 큼직한 창문으로 불빛이 새나와 들여다보았다. 아직 초저녁인데 한 사람이 의자에 앉아 책상에 엎드려 있었다. 창준이는 무슨 놈의 숙직을 저렇게 서는가 하고 아니꼽게 생각하며 문을 열고 들어섰다. 그가 들어서서 인기척을 내자 생각 밖에 스물 두셋으로 보이는 화용월태의 처녀가 그를 쳐다보았다. 어디가 아픈지 그의 얼굴에는 고통을 참는 모양이 눈에 띄었다.

"어디가 아프시오? 처음 보는 얼굴인 것 같은데 나는 여기 담당 안전원이오. 밤 근무로 순회하던 차에 불이 보이기에 왔소."

창준이가 자기소개를 하였다.

"갑자기 배가 어찌나 아픈지 일어설 수도 없어요. 미안하지만 좀 도와주세요."

그녀가 나직이 부탁한다. 창준이 다가서서 그녀를 세우려 하자 그녀는 허리도 못핀 채 들린다. 하는 수 없이 창준이가 안아서 그녀를 잔등에 업었다. 공장 병원으로 가려는 생각에서였다.

잔등에 업힌 그녀가 몸을 유지하려고 두 손으로 창준의 목을 끌어안자 그녀의 온 몸이 잔등에 밀착되었다. 서른여섯의 남자였지만 처녀의 가슴이 잔등에 알리는 감각 때문에 힘든 것도 전혀 느끼지 못했다. 오히려 공장 병원이 더 먼 곳에 있었으면 하는 생각이 날 정도였고, 따스하고 부드러운 그녀의 육체에 대한 애착을 갖게 하였다. 숨이 차서 얼굴이 붉어진 창준이가 병원에 도착하여 그녀를 내려놓고 진찰을 하고 검사를 하였다.

"안전원의 동지의 친척이신 모양이구만요."

의사가 지나가는 말로 물었다.

"예."

창준은 무심결에 대답했다. 대답을 하고 나서야 정말 다행하게도 잘 된 대답이라는 생각이 떠올랐다. 밤중에 남녀끼리 사이인데 처녀를 엎고 왔다고 말이 나가면 별의별 민망한 억측과 말들이 있을 수 있다고 생각하면서 한마디 더 보탰다.

"사촌이지요."

그 말을 듣고 있던 그 처녀도 그제야 단순한 일이지만 별의별 뒷소리가 있을 수 있는데 때맞은 대답을 한다고 생각했다.

"진단을 하고 보니 '불완전 변비'라는 것이다. 소금물로 관장을 하여 변을 빼내고 배에 차 있던 가스를 배출시키자 그녀를 괴롭혔던 아픔은 사라졌다. 그렇게 시간이 흘러 어느 새 시계는 밤 11시였다. 치료가 끝나자 그들 두 명은 인사를 하고 병원을 나섰다.

"어디 따스한 곳에 가서 안정할 데라도 있소?"

남자가 물었다.

"없어요."

"그러면 나의 방으로 가시오. 거기는 드나드는 사람도 없고 불을 때서 아주 따스하오."

병원에서 얼마간 걸어와서 어두워 앞이 잘 보이지 않자 남자가 그녀의 손을 잡았다. 작고 부드러운 처녀의 손은 무슨 보물과도 같이 온기와 함께 생생한 청춘의 마음도 전해 주는 것 같았다. 남자는 그녀의 손잔등을 쓰다듬으며 걸었다.

"내가 처음 보는 것 같은데 언제 왔소?"

"대학을 졸업하고 여기 배치되어 온지 겨우 십일 정도 되었어요."

"여기에 친척이라도 있소? 나는 처녀를 보는 순간 세상에 이렇게 예쁘고 귀여운 여자도 있구나 하면서 심장이 멎는 것 같았소. 나이 서른여섯에 아이까지 있는 남자가 말이오. 부끄럽지만 처녀를 보면서 나는 너무도 실망하여 맥이 다 풀렸는데 억지로 말도 하고 서 있기도 했소.”

“나를 보며 실망하다니요?”

“나는 다시는 저런 미인과 교제할 수 있는 기회나 시기도 없다고
는 생각이 드니 실망한 것이지요.”

남자가 대답했다.

“이곳에는 저 혼자뿐이에요. 이름은 경희라고 하고요. 이제 며
칠밖에 지내보지 않았는데 공장 생활을 견딜 것 같지 못해요. 합숙
에서 먹고 자고 일하고 하면서 똑같은 일이 매일 반복되고 있어 마
치 돌아가는 기계의 치차같이 단조로운 생활이에요. 먹는 것이란
꽁꽁 마른 강냉이밥에 멀건 시래기 국이 전부거든요.”

그녀는 말 친구가 생기자 하고 싶던 말을 다 했다. 어느덧 안전
원이 야간 근무 때 쓰는 방에 도착했다. 말하던 대로 불을 땐 방안
은 훈훈하고 방바닥은 따스하였다.

한켠 구석에 포개 놓은 담요도 몇 개 있었다. 남자가 베개를 가
져다 놓고 담요를 바닥에 펴며 그녀에게 말했다.

“배를 방바닥에 대면 따스해질 것이오. 여기에 와서 누우시오.”

그녀의 손을 잡아끌어 온돌로 데려갔다. 그녀는 그저 묵묵히 그
가 하라는 대로 했다. 그녀가 자리에 눕자 남자는 담요를 덮어 주
었다.

“대학 다닐 때 많은 남자들의 속을 태웠겠구만. 미인들이 있으면
말썽도 생기는 법이니 말이오.”

남자가 말하며 담요 밑으로 손을 넣어 그녀의 손을 찾아 쥐었다.

그녀는 그가 손을 잡자 머리를 돌려 올려다보며 웃었다. 남자가 말한 것처럼 크고 검은 눈과 양쪽의 보조개로 입을 벌릴 정도의 미인이라는 것이 다시 느껴졌다.

"내가 어린애처럼 그렇게 가여운가요? 대학 다닐 때는 연애라고 말도 못했습니다. 우리 아버지가 선생들에게 잘 보아 달라고 일 년에 몇 번 씩 찾아와 부탁을 하는 통에 선생이 감시하고 저를 넘겨다보는 남학생들은 내가 누구하고 다니지 않나 하고 자기들끼리 뒤를 쫓고 감시했어요."

그녀는 아쉬운 듯 말했다. 얼마간 한담하며 시간을 보내던 남자가 전등불을 꺼버렸다.

"안되겠소. 행여 아무라도 보면 해명도 못할 바가지를 쓰겠소."

기울어져 가는 달빛만이 고요한 방을 희미하게 비쳐 주었다. 너무도 조용하고 달빛마저 희미하게 비쳐드는 방안의 분위기를 이들 두 남녀는 제각기 처음으로 느껴보는 감정으로 충분하게 하였다.

예로부터 그래서인지 남녀간의 감정 세계를 비칠 때마다 고요한 달빛이 함께 등장했는지 모른다. 기울어져 가는 달과 어둠에 잠기는 고요한 밤은 그들을 말없이 서로에 대해 생각하고 끌어당기고 있는 듯했다. 고요한 정적 속에서 남자가 말하며 그녀의 손을 으스러지게 잡아 쥐었다.

"경희! 서른여섯이 된 남자가 스무 살 풋풋한 처녀 때문에 정신이 나간 것처럼 도무지 앞뒤도 가리지 않고 덤비면 어떻게 하겠소?"

"아야! 손이 부러지겠어요."

그녀는 조용히 소리쳤다.

"글쎄요. 무슨 말을 하자는 것인지 도무지 짐작도 가지 않아요."

"내가 이렇게 이성을 잃다시피 여자에게 반해 버리기는 처음이요. 안전원이라 콧대도 조금은 높았는데 경희가 허락하면 경희의 발등에라도 입 맞추고 싶을 정도로 미쳤소."

남자가 갑자기 누워 있는 그녀의 머리를 끌어 당겨 자기의 가슴에 껴안았다. 두 남녀가 옷 입은 그대로이지만 전류가 흐르는 듯 전신에 긴장과 짜릿한 감을 주는 그 무엇인가 흐르는 것을 느꼈다.

"숨이 막혀 죽겠어요. 차근차근히 말해요."

그녀가 본능적인 행동으로 남자의 목을 끌어당기며 말했다. 그녀를 풀어주고 흥분되어 떨리는 손을 옷 밑에 슬며시 넣고는 가슴에 가져갔다. 그리고는 그녀가 신음에 가까운 소리를 내는 것도 못 느낀 듯 팽팽하고 탄력 있는 가슴을 쥐고 만졌다. 숨소리가 어찌나 높은지 서로의 숨소리를 헤어 볼 수 있을 것 같다.

"온몸의 맥이 다 풀리고 짜릿한 것이 퍼져 나가요."

순진한 그녀가 거의 귀에 대다시피 가까이에 안고 있는 남자의 귀에 대고 속삭였다.

"내일 죽어도 더는 한이 없을 것 같구나. 오랫동안 살맛이 없이 살기보다는 뜨거운 맛을 잠깐이라도 보고 죽는 것이 낫겠다고 하는 말이 정말 이리 옳은 것 같소. 이 밤이 지난 십 년을 다 합한 것보다도 더 뜨겁소."

남자가 그녀의 가슴을 만지다 힘껏 쥐어서 흔들어 댔다. 그녀는 아픔도 못 느낄 만큼 흥분되었다. 한 손을 천천히 그녀의 두 허벅지 사이에 넣고는 그대로 있었다.

"경희가 나를 죽일 놈이라고 염치도 양심도 인간이라는 생각해도 할 수 없구만. 오늘 밤에 나는 서른여섯으로 인생을 끝내고 죽어도 아쉽지 않소. 용서도 하고 양해도 해주오. 나도 이래서는 안 된다는 것을 알지만 내가 나를 억제 못하오."

그녀의 누운 몸 위에 자기의 온몸을 올려 눕히었다. 이렇게 하여 그들은 다시는 돌이킬 수 없는 한계를 넘은 남녀의 사이가 되었다.

인간이란 환경의 지배에서 벗어날 능력도 있지만 본능적인 욕구가 그 능력을 무시하고 파멸로 끌어가는 것도 적지 않다. 이 하루의 달 밝은 밤은 그 후 그들을 서로 그리워하고 아껴주고 도와주고 싶은 마음에 사로잡히게 하였다.

이들이 불같이 뜨거운 만남을 거의 3년을 계속하였다. 그들 사이의 엄청난 나이의 차이와 법을 지키는 사람이라는 것 때문에 사람들의 주의를 전혀 받지 않고 무난히 지나갔다. 그런데 그녀를 어떻게 해서라도 자기 가까이에 두고 싶었던 남자의 욕심으로 그녀는 그 남자의 사촌 동생과 만나 양가 부모들이 승인한 후 결혼하였다. 이중적인 생활은 끝났다.

그런데 훗날 병원에서 치료했던 의사가 그때 당시 안전원의 사촌이라는 말을 잊지 않고 있다가 그녀와 같이 다니는 남편에게 물었다.

"저 여자가 누구요?"

"나의 처입니다."

의사가 그 대답을 듣고 도무지 납득이 가지 않아 예전에 병원에서 보고 들은 것을 말하였다. 이것을 시작으로 하여 사촌 형이 중매를 서게 된 경위까지 곰곰이 생각해 낸 그녀의 남편이 끝내 처로부터 모든 사실을 알게 되었다. 그녀는 자기의 잘못이라며 모든 것을 자기가 뒤집어썼다. 그러나 그녀의 남편이 사촌 형에게 분노에 차서 따져 물었다.

"형님이 이런 인간인 줄은 꿈에도 생각 못했소. 어떻게 머리를 둘로 살 수 있소?"

그 남자는 그녀와의 첫 만남에서 하였던 말대로 아무런 아쉬움도 주저함도 없이 푸른 잔디 위에 자기의 생명을 버렸다. 이것은 그가 죽은 후에도 그를 알고 있던 사람들 속에서 오랫동안 화젯거리가 되었다. 그를 남자답다고 하는 사람도 있었고, 너무나 양심이 없는 사람이라고 하는 두 부류로 나뉘어 논쟁을 하기도 한다.

훗날 그녀는 신경쇠약 환자로써 이혼당하고 때때로 병원에 올 때면 시간을 보아가며 자기의 불행한 첫 만남을 나에게 이야기해 주었다. 너무나 인물이 예뻐도 화가 된다던 옛사람의 말이 정말이라는 생각이 나곤했다.

불행한 사람

　상쾌한 봄이다. 수십 명의 사람들이 아파트 앞의 화단과 도로변을 빗자루로 쓸며 청소를 한다. 그런데 알록달록한 꽃치마를 입고 스물댓 살로 보이는 곱게 생긴 처녀가 혼잣말로 소리쳤다.

　"야! 어젯밤에 석준 아저씨를 안고 XX를 했는데 정말 좋더라."

　수십 명이 다 들리게 큰 소리로 외치며 제법 춤까지 추었다. 그 소리에 청소를 하던 수십 명의 아파트 사람들이 다 같이 그녀를 보며 너무도 놀라서 눈을 크게 뜨고 바라보기도 하고 입을 싸쥐며 웃기도 했다. 그녀는 바로 그들이 청소하는 아파트의 3층에 살고 있는 모 공장의 간부의 딸이었다. '발 없는 말이 천리 간다'고 석준이는 다음날 오후에 검찰소에 불려갔다.

　"나이가 많은 사람이 하도 할 짓이 없어 정신병자와 잔다는 말이오? 우리 법에는 정신병자와의 성행위는 강제성이 없는 합의적인 것이라 해도 강간 범죄에 해당된다고 규정하였소. 비판을 솔직히 하고 용서를 받으시오."

검사가 천천히 정중하게 말했다.

"검사는 정신병자의 말을 마치 사실인 것처럼 인정하고 나를 나쁜 사람이라고 하는데 그래 내가 그런 사람으로 밖에 안 보이오? 나도 당원이고 모범 노동자이고 우리 아들도 군대에서 군관으로 있소. 정신병자의 헛소리로 망신당한 것도 참을 수 없는데 검찰소에서까지 나를 나쁜 놈으로 몰아세우오? 그래, 어디 법조항에 정신병자로 등록된 정신병자의 헛소리를 사실인 것처럼 인정하라는 게 있소?"

석준이가 시치미를 뗐다.

"정신병 전문 의사의 말대로 하면 정신병 환자라고 하여 모든 말을 다 지어내거나 거짓말은 아니라는 것이오. 특히 성행위와 같이 처음 당하는 일은 더욱 그렇다는 것이오. 해 보지 못하고 느껴 보지 못한 것은 꾸며 내어 말을 하지 않는다는 것이오. 본인이 완강히 거부하지만 집에 가서 곰곰이 생각해 보고 죄를 감추고 살겠는가 아니면 죄를 용서받고 편하게 살겠는가나 생각하시오. 오늘은 그만 돌아가시오."

검사는 그를 돌려보냈다. 며칠간은 그날 아침의 그 정신병 처녀의 말만이 유일한 화젯거리였다. 그 일은 사실이었고 이렇게 되었다.

석준이가 저녁에 딸네 집에 간 처가 오기를 기다리며 텔레비전을 보고 있었다. 그런데 꽃무늬가 곱게 보이는 짧은 치마와 브라우

스를 입은 처녀가 인사도 없이 문을 열고 들어와 그의 옆에 앉아 얌전하게 텔레비전을 보았다. 석준이도 그녀가 한 아파트에서 살고 있다는 것을 아는지라 그녀의 분수없는 행동을 아니꼽게 보면서도 그대로 앉아 있게 그냥 내버려 두었다.

저녁 7시가 되자 처가 딸네 집에서 그날은 돌아오지 않겠다고 생각하면서 손수 저녁을 하여 먹으려고 상을 차렸다. 그때 텔레비전을 보던 처녀가 밥상에 다가와 앉으며 말했다.

"나도 밥을 먹겠다."

하는 수 없이 숟가락을 주어 그녀와 함께 저녁을 먹고 다시 텔레비전을 보았다. 밤도 깊어 11시가 가까워 오자 석준이가 텔레비전을 끄고 그녀에게 "밤도 깊어 집에서 기다리겠는데 이제는 가 보아라."하며 등을 밀어 내보내려고 했다.

"왜 이래? 깍쟁이 같은 게 침대가 아까워? 나도 침대 위에서 자겠다."

그녀는 무작정 침대 위에 누워버리는 것이었다. 석준은 그녀와 깊은 밤에 아귀다툼을 하여 소란을 피우거나 집에서 내보내는 것을 행여 누가 알거나 보기만 하여도 바가지를 쓸 수 있다는 생각이 들었다. 할 수 없이 그녀가 하는 대로 내버려 두고 불을 그대로 켜 두었다.

그런데 이것이 문제로 되었다. 차라리 그때 불을 끄고 제각기 잠을 잤으면 일은 일어나지 않을 수 있었다. 그녀가 자면서 몸을 이리 굴리고 저리 굴리는 사이 꽃치마가 올라가 희고 굵은 그녀의 허벅지가 그대로 드러났다. 보다 못한 석준이가 옷매무새를 바로 하여 주다가 인간의 본성이 나타나 손으로 그녀의 허벅지를 쓰다듬어 주었다. 성에 대한 본능적인 욕구를 느꼈는지 그녀는 석준의 손을 잡고는 자기의 가장 은밀한 부위며 처녀의 팽팽한 가슴으로 끌어당겨 만지게 하였다. 숫처녀의 흥분한 숨소리와 생생한 가슴과 흰 허벅지의 매끈한 살을 만지는 석준이는 무아몽중의 상태로 가면서 그녀가 스물넷의 처녀라는 것도 정신병 환자라는 것도 생각하거나 염두에 두지 않았다. 흥분이 고조에 이르자 그녀는 밝은 불빛 아래에서 팬티까지 벗어던지고 반나체의 흰 몸을 드러내면서 석준이를 끌어당겼다.

정신병자와 육십을 바라보는 사나이와의 사이에서 있어서는 안 될 일이 끝내 벌어졌던 것이다. 정신질환자도 동물적인 성욕이나 본능은 보존하고 있는지 석준이와 그 일을 하면서 그녀가 석준이를 애무하던 것은 석준이는 여태껏 느껴보지 못했던 쾌락이었다. 며칠 후 석준이가 일하고 퇴근하는데 그와는 직장에서 제일 가까이 보내는 친구가 그에게 다가와 말을 시작했다.

"석준이! 석준이 뒤를 검찰에서 가만히 조사하는 것 같더구만. 비서들도 만나고 아파트 세대주 반장도 만나보고 갔다고 알고 있소. 이렇게 어물어물하는 사이에 소문이 나면 나쁜 말을 더 보태여지는 법이니 석준에게만 불리하오. 사람의 허물을 잡자면 끝이 없소. 내가 알아보았는데 먼저 가서 자백을 하고 손이 발이 되게 용서를 빌면 관대하게 처리해 준다고도 하더구만. 친구로서 이렇게 밖에는 말을 못하겠소. 육십이 다 된 사람이 정신질환자와 일을 벌였다면 군관으로 있는 아들이나 옆의 사람들이 어떻게 보겠소? 조용히 가서 누구도 모르게 먼저 자백을 하고 용서를 받으시오."

친구가 그의 어깨를 두드리며 말했다. 가까운 친구가 진심으로 하는 조언인지라 석준은 확인하듯 말을 하였다.

"자백을 하면 용서해 줄까?"

석준이 범죄를 인정한 것이다. 속으로 친구는 쾌재를 불렀다. 그는 석준의 친구라는 것을 알고 검찰에서 범죄 유무를 알아보라고 과업을 준 검찰소의 정보원 역할을 했던 것이다. 석준이가 이를 알리 만무했다. 석준이가 결심을 내리지 못하고 불안한 마음으로 일하고 있는데 검찰에서 두 명이 와서 그에게 족쇄를 내밀었다.

"가자."

한 마디 말에 석준이는 검찰소에 끌려갔다. 마음이 흔들리고 불안하던 석준이는 검찰에 도착하자마자 그들이 내미는 종이를 받아 진술서를 정성껏 깨끗하게 써주고 도장까지 찍었다.

"이 달은 운이 텄구만! 앉아서 한 건을 먹었으니. 요즘 범죄자를 못 잡는다고 그래프에서 내가 제일 꼴찌였는데 정신병자 덕에 꼴찌도 면하고 능력 있다고 평가 받게 됐거든."

석준이를 맨 처음 조사하던 검사가 크게 웃으며 자랑했다. 석준이는 정신병자를 강간하였다는 동기로 끔찍한 죄명으로 십 년의 구형을 언도 받았고 이어 감옥에 가고 죄수가 되었다. 석준이가 이렇게 되자 군관이던 아들은 가정 토대가 나쁘다고 제대하기도 전에 쫓겨났고 그의 처는 백 리도 넘게 떨어진 산중의 산골에 있는 농장에 추방되었다.

석준이 사건으로 항상 비서로부터 무능력자라느니 자격이 없다느니 하면서 조롱과 무시를 당했던 검사도 어깨에 힘을 주고 으스댈 수 있게 되었다.

늦은 밤중에

먹을 것도 없고 전등도 없던 때라 실로 웃어야 될지 울어야 될지 거짓말인지 정말인지도 가늠하기 어려운 삶은 소대가리도 웃을 정도의 이야기이다.

30대의 부부가 네 살짜리 딸애와 함께 살기 위하여, 아니 목숨을 부지하기 위하여 하루하루 살아가던 때였다. 남편은 사람이 누워서 기어 들어갈 만한 오소리굴 같은 굴을 파고 손바닥만한 석탄층을 찾아서 채굴하는 일을 했다. 굴을 파서 한 손으로 석유등을 들고, 다른 한 손으로는 어린애 손 같은 도끼로 석탄을 쪼아내서 양동이만한 널로 된 박스에 담아 끈으로 연결하여 밖으로 끌어냈다. 이렇게 하여 하루에 잘 벌면 강냉이 2Kg 정도 되고, 3Kg 정도 벌면 대단히 많이 벌었다고 한다.

아내는 아내대로 아이를 집에 가두어 놓고 이른 아침부터 삼사십 리 되는 산에 올라가서 나물을 캐야 했다. 사람이 먹을 수 있는 산채라면 눈에 뜨이는 대로 뜯어 와서 가마에 삶은 후에 찬물에 씻어 시장에 가서 팔았다. 그렇게 번 돈으로 소금이나 석유 같은 것을 사가지고 와야 그래도 강냉이 죽이라도 먹을 수 있었다.

이 날도 아내는 산에 갔다 시장에 갔다 하면서 저녁을 먹고 나니 어느덧 시계는 저녁 9시를 가리켰다. 잘 먹지도 못한 몸에 너무나도 힘겨운 일을 하여 녹초가 되다시피 거꾸러져 잠든 그녀에게 뜻밖의 일이 벌어졌다.

콧구멍만한 집안이 너무나 더워 출입문을 열어 놓고 잠을 자는 그녀를 희미한 달빛이 어렴풋이 비추어 주고 있었다. 희미한 달빛이지만 30대 여인의 시허연 두 허벅지를 비추어 그것을 보는 남자의 욕정을 불러일으키기에 넉넉하였다.

적막하고 인적 없는 야산의 변두리에 자리 잡은 그녀의 집 앞으로 나 있는 자그마한 길로 지나가던 어떤 사나이가 여인의 온몸이 거의 달빛에 드러낸 모습을 보고 욕정을 억누르지 못하고 방에 숨어들어가 순간의 쾌락을 맛본 후에는 쏜살같이 사라졌다. 어찌나 피곤한지 그녀는 팬티를 벗기는 것도 자기의 몸 위에서 남편 아닌 다른 사람이 자기를 범하는 것도 느끼지 못하다가 성적 흥분의 고조기에야 겨우 남편이 자기에게 온 것으로 생각하였다.

한편 남편은 가장으로서 가족의 먹을 것을 마련하느라 밤 10시가 될 때까지도 석탄을 파냈다. 지친 몸을 이끌고 겨우 집에 당도한 그였으나 교교한 달빛에 드러난 시허연 아내의 허벅지와 열려 있는 젖가슴은 그에게도 욕정을 불러 일으켰다. 너무나도 어려운 생활이라 30대의 그였지만 부부간의 운우지정은 거의 외면한 채 살아오던 때였다. 순간적이기는 하지만 청춘의 욕망은 아내의 몸 위에 그를 눕게 하였다. 그가 옷을 벗고 두 손으로는 아내의 가슴을 애무하며 운우지정을 한참 나누던 때 갑자기 아내가 두 눈을 뜨며 말했다.

"아니 당신이 조금 전에 나와 관계를 했는데 이렇게 하룻밤에 두 번 씩이나 관계를 가지면 내일은 어떻게 일을 하려고 그래요?"

남편을 근심하는 아내의 말이 끝나기가 바쁘게 남편이 되물었다.

"아니 네가 조금 전에 관계를 했다는 말이야?"

그 말에 대답하는 아내의 말이 실로 웃어넘기기에는 너무나도 어이없었다.

"아니 당신이 아니면 딴 사람이 나와 자고 간 모양이구만. 조금 전에 나와 잔 것이 당신이 아니고 다른 사람인가?"

아내는 어처구니없는 말로 되받아 물었다. 남편은 운우지정이고 뭐고 대번에 벗은 옷을 입을 생각도 없이 말과 함께 벌거벗은 그가 발과 주먹으로 누워 있는 아내를 차고 때렸다.

"야 이 개 같은 년아, 그래 다른 사람이 너와 자는 것도 모르고 남편보고 딴 사람이 자고 간 것이라고 말하니? 너 같은 개보다 못한 년을 먹여 살리자고 그 오소리 굴에서 나는 이제야 집으로 오는 길이다. 너는 집에서 화냥년 노릇이나 하고 있단 말이냐?"

아내는 죽는다고 소리치며 옷도 입지 못하고 벌거벗은 그대로 달아나고 남편 또한 달아나는 그녀를 잡으려고 알몸뚱이로 뛰어가는 모습은 아마도 인생을 두 번 다시 산다하여도 보지도 듣지도 못할 희비극이었다.

달빛 속에서

김일성 우상화의 광란이 절정을 치닫던 1980년대 초 산지사방에 돌로 깎아 만든 사적비를 건설하느라 돌격대를 조직하여 수백 수천 명의 청춘 남녀들이 이름도 모르는 산골짜기와 바닷가에서 무리지어 다니며 법석대던 시기였다. 그 때에는 각 시군 안전부마다 사적비와 사적지를 총을 쥐고 주야로 지켜야 하는 경비 업무를 해야 하는 과도 있었다. 무엇 때문인지 몇 년이 지난 후에는 이 경비과도 없어져 버리고 말았다. 그 시절 나와 친구사이로 보내던 경비과장이 사람이 살다보면 세상에 이렇게까지 무서운 이성지간의 일도 있다고 하면서 들려 주었던 이야기이다.

바닷가를 끼고 있는 아담한 벌판에 싯누렇게 잇은 벼를 큰 길의 좌우로 베어 놓은 벌판에서였다. 한 여인이 고고히 비쳐 주는 달빛을 벗으로 삼고 콧노래를 흥얼거리며 논밭 가운데 곧게 뻗은 길을 따라 친정으로 가고 있었다.

5리가 되는 무인지경의 벌판을 혼자서 걷고 있던 그녀에게 갑자기 쌓아 놓은 볏단 무지에서 검은 그림자가 어른거리더니 퍽이나 키가 큰 남자가 말도 없이 다가와 그녀의 손을 잡고는 메어 놓은 벼들을 밟으며 논밭 깊숙이 들어갔다. 너무나 놀라 혼비백산한 그녀는 순한 양인 양 아무런 반항도 없이 남자가 이끄는 대로 따라갔다. 큰길에서 멀리까지 들어가 볏단을 깔고 그들은 나란히 앉았다.

말도 없이 숨소리만 거친 남자는 온순하게 따라온 그녀를 자기의 품속에 끌어안고 한참이나 있다가 슬그머니 그녀의 가슴에 손을 넣고 포동포동하고 따스한 젖가슴을 그대로 부드럽게 어루만지면서 여인을 안심시켰다.

"나는 강도가 아니니 안심은 해라. 달도 밝은 달밤이라 혼자 있기가 너무 쓸쓸하여 이렇게 무작정 나왔다가 네가 오는 것을 보고 행운이 왔다고 생각하고 너를 여기로 데려왔다. 이제 찬찬히 살펴보니깐 너도 퍽이나 남자들의 눈길을 끌 만한 미인 같구나."

이어 한쪽 손마저 그녀의 가슴에 들어가 양쪽 가슴을 천천히 부드럽게 애무했다. 얼마간의 시간이 지나자 그녀는 공포나 두려움은 아예 잊고 이상야릇한 감정과 성적인 흥분을 느끼며 마치 오랜 연인과 말하듯이 부드럽게 물었다.

"그래, 어디서 살고 있어요? 몇 살이나 되요?"

가슴을 쥔 사나이의 두 손을 옷 위로 꼭 감싸 쥔다.

"나는 지금 스물여덟 살 총각이다. 이제는 너도 나를 무서워하지 않겠지?"

남자가 대답하며 한 손을 그녀의 바지 속에 깊숙이 넣어 여인을 자극했다.

"나는 서른두 살이에요. 친정집으로 가던 길인데 너무 늦으면 부모들이 이상하게 생각할 수 있으니 그리 알고 처신하시오."

여인은 이미 인내의 한계를 넘어선 몸이라 그 남자에게 모든 것을 허락한다는 표정으로 조용히 말하였다. 드디어 두 손을 풀고 사나이는 베어 놓은 볏단을 깔아 누울 자리를 만들고는 그녀를 들어 그 위에 눕혔다. 그녀의 옷을 벗기고 달빛에 드러난 그녀의 흰 몸을 두 손으로 쓰다듬으며 때때로 입까지 맞추었다. 더는 참지 못하고 그녀는 자기의 두 손으로 젖가슴을 드러내고 사나이의 머리를 슬그머니 천천히 당기어 끌어갔다. 흥분에 빠진 두 남녀는 깔아 놓은 볏단 위에서 쾌락의 극치를 마음껏 즐겼다.

드디어 정사가 끝나고 오래된 연인처럼 볏단을 깔고 두 손을 잡고 나란히 앉았다. 사나이는 태연스레 담배까지 피워 물고 라이터를 켰다. 번쩍하는 불빛이 번쩍이자 여인이 놀라며 물었다.

"사람들이 보면 어쩌려고 그래요?"

"아니, 사람들이 오면 네가 나를 고자질할 수 있니? 너와 나는 이제는 서로 외면할 수도 없고 오히려 잊지 못할 사이가 되지 않았니?"

"그래요. 옷깃을 스쳐도 인연이라고 했는데 짧은 시간이지만 나도 당신이 마음 깊은 곳에 간직하겠어요."

여인은 4살이나 아래인 남자를 윗사람인양 존대하여 말하며 교태까지 부렸다. 여인이 남자의 손에서 손을 빼어내는 순간 그녀의 팔목에서 차고 있던 시계가 번쩍였다. 그것을 본 남자가 시계를 보자고 말하자 여인이 주저 없이 내주었다. 남자가 라이터 불빛에 비춰보면서 자기의 여동생에게 하듯이 야자 하는 말투로 물었다.

"세이코구나. 누구 것이야?"

"남편 것이에요."

"내가 너에 대한 기념으로 가질 수 없니?"

"마음에 들면 가지세요. 여자란 평소에는 깍쟁이이지만 정말 간다면 때로는 아까운 것이 없는 법이지요."

여자가 남자의 팔목에 시계를 채워 주었다. 남자는 미안한 마음이 있어서인지 자기가 차고 있던 낡은 소련제 시계를 벗어 그녀의 손목에 채워 주었다.

"앞으로 기회가 있으면 찾아오세요."

그녀는 자기의 주소와 직장과 이름까지 알려 주었다. 그들이 헤어진 지 3일이 지난 저녁 그녀의 남편이 그녀에게 시계를 달라고 하였다. 그러자 그녀가 강도에게 시계를 빼앗겼다고 말하자 남편이 지금 찬 시계는 무엇인가고 물으면서 그녀의 손목에서 시계를 벗겨내 보았다. 그녀의 말인즉 강도가 주고 간 시계라는 말을 그대로 믿은 남편은 그 시계를 증거로 들고 가서 자초지종을 안전부에 신고하였다. 범죄 수사를 전문으로 하는 수사과 사람들은 남편의 신고를 받고 아내를 수사과에 보내 달라고 하였다. 수사과에서 그녀에게 너무나도 사리에 밝게 이러이러하지 않느냐고 질문을 들이 대자 그녀는 빠질 방도를 찾지 못하고 이실직고하였다. 수사과에서는 여인의 처지를 고려하여 남녀간의 정사 문제는 비밀로 지켜주려고 하였으나 그 남편이 증거물까지 있는데도 강도를 잡지 못하는 무능한 사람들이라고 막말로 야단을 치며 그들을 비난하자 수사과에서 사건의 전말을 까밝혀 주었다.

"너도 완전한 바보이고 너의 아내도 완전히 바람피우는 바람쟁이 뿐이다."

성이 날 대로 난 남편이 집에 돌아와 아내에게 반신불수가 되도록 구타하고 행패를 부려 끝내는 이혼하는 것으로 모든 것이 끝났다. 이야기를 끝내면서 경비 과장은 그 여자는 대학까지 졸업한 사람인데 이성지간의 문제나 다른 문제 처리에서는 너무나도 바보같이 하는 것이 도무지 이해할 수 없는 일이라고 하면서 남녀간의 이성문제는 도무지 가늠할 수가 없는 문제라고 하였다.

쓸쓸한 로맨스

불과 열 평은 넘지 않을 자그마하고 희고 깨끗한 방안의 침대 위에 한 여인이 반듯하게 천정을 보며 누워 있다. 누워 있는 오른쪽에는 큰 체구의 남자의사가 침대에 걸터앉아 그녀를 내려다보며 큼직하고 투박한 손으로 그녀의 흰 가슴을 어루만지기도 하고 때로는 주물러 보면서 말했다.

"내가 보기에는 유선증 같은 것은 없는 것 같습니다."

남자의사의 손더듬 때문인지 빨갛게 상기된 얼굴로 여인이 남자에게 물었다.

"지금 나이가 어떻게 되었습니까?"

"저는 지금 스물여덟 살입니다."

그는 천천히 손을 여인의 가슴에서 아랫배로 옮겼다. 간지러움 때문인지 아니면 이성에 대한 육감 때문인지 그녀는 남자의 손을 잡고 멈칫하다가는 그대로 잡았다.

"그 전에 결핵성 장염을 앓았다고 했는데 지금 보기에는 증세가 없습니다.”

의사는 그녀의 탄력 있고 약간을 불룩한 배를 쓰다듬기도 하고 눌러보기도 한다. 그녀는 케드득 거리며 웃으면서 말했다.

“제가 여기서 피임수술을 한 다음부터 허리가 아픈 것 같고 때로는 아랫배로 아플 때가 있습니다. 선생님은 보기와는 달리 아주 세심하게 환자를 대하여 주니 환자들로부터 칭찬을 많이 받겠습니다.”

그녀가 말하는 사이에 의사의 커다란 손은 천천히 여자들의 가장 예민한 부위를 부드럽게 만지기 시작하였다. 사람의 표정은 감정을 숨길 수 없는 법이라 남자의 눈을 곧바로 보는 그녀의 그 아름다운 눈동자는 반짝이는 눈길과 함께 그 무엇을 애원하는 것을 느끼게 했다. 빨라지고 높아지는 그녀의 숨결을 느끼면서 의사가 말했다.

“아주머니를 내가 처음 볼 때에는 두 아이의 어머니라고는 상상도 못했고 스물예닐곱의 처녀라고만 생각했습니다. 나도 앞으로 장가를 갈 사람인데 아주머니 같은 여성을 만날 수만 있다면 얼마나 좋겠습니까?”

누워 있는 그녀를 진심으로 부러워하는지 아니면 추켜올리는 것인지 가늠하기 힘들어도 그녀가 듣기에는 더없이 좋은 말을 했다.

“나의 어디가 그렇게 마음에 들어요?”

여인이 묻자 한 손으로 그녀의 눈을 살짝 가리면서 답했다.

“아주머니 이 눈이 첫째이고,”

다음에는 그녀의 빨갛게 상기된 볼을 만지고 다음에는 또다시 햇빛까지 비추어 주는 희고 볼록 솟은 가슴을 커다란 손으로 움켜잡았다. 육체의 아래와 위에서 가장 감각적인 자극을 받은 여인은 거의 술 취한 사람인양 말조차 더듬거리며 두 손을 침대 위에 맥없이 내려놓았다.

　"선생님, 여자의 참고 견디는 마음도 한계가 있지 않아요. 이 이상 더 가면 나도 견디지 못합니다."

　여인은 의사의 두 손을 그 작고 포동포동한 손으로 한참이나 잡고 자기를 보는 남자의 눈길을 보다가 침대에서 내려놓았다. 그녀는 조심스레 일어나면서 옷매무새부터 바로 했다.

　그녀는 작고 귀여운 체구를 가진 32세의 두 아이의 어머니로 우리 집과는 코 닿을 만큼 가까이 살고 있었다. 그녀의 남편은 남아답고 서글서글하며 호탕한 남자로서 자그마한 도급기관의 비서로 사업을 했고, 그녀는 크지 않은 유치원에서 아이들을 가르쳤다.

　하루는 그녀가 병원 부인과의 남자 선생이 진찰을 하는지 애무를 하는지 가늠하기가 어렵게 자기를 만져 주던 것을 나에게 이야기하여 주었다.

　"우리의 남편도 남자치고는 인물이나 체격이나 어질고도 도량이 크고, 마음도 누구 앞에서도 자랑할 만한 남자입니다. 솔직히 말하여 내가 두 아이의 어머니가 될 때까지도 남편한테는 어저께 그 선생의 손길에서 느꼈던 그런 감정은 도무지 한 번도 느껴보지 못했습니다. 사실대로 말하면 지난밤은 거의 새우다시피 어제 낮의 그 이상하고 말 못할 감정으로 보냈습니다. 여자로서 그런 순간을 다시 만날 수 있으면 아무것도 가리지 않겠습니다."

그녀는 그 검고 큰 눈으로 나를 보며 웃었다.

"남편이 오면 내가 다 말하겠소. 한 번 집에서 쫓겨나 보오."

내가 놀려주자 그녀는 그 작은 손으로 나의 잔등을 마구 때리는 것이었다.

"말하고 싶으면 실컷 말해요. 내가 무슨 살을 섞기라도 했어요? 우리 남편이 들으면 아마 배를 그러쥐고 웃기나 할 것이에요."

그녀가 나를 놀려 주었다.

"그런 현상을 의학에서는 파라비오시스(parabiosis)이라 하는데 작은 신경자극은 큰 자극에 의해 흡수되어 감각이 없어지고 큰 자극은 더 커지는 현상이요. 아주머니를 나는 오늘부터 파라비오시스라고 부르겠소."

그에 못지않게 나도 그녀를 놀려 주었다.

"나한테 무슨 일 때문에 왔는지 말을 해 주시오."

"내일 출근할 때 제가 무엇을 병원 사람에게 보내고 싶은데 전달해 주겠어요? 출근을 하겠지요?"

과연 다음날 그녀는 무엇이 들어 있는 자그마한 가방을 나에게 주면서 어제 말을 하던 부인과 선생에게 전달해 달라고 부탁했다. 나는 한낱 농담이 아니고 그녀가 진심으로 어떤 감상적인 감정의 포로가 되었음을 알게 되었다.

"이 안에 무엇이 들어 있소?"

"술 한 병과 담배 한 갑 그리고 점심이나 먹으라고 한 끼 분을 싸 넣었어요. 그리고 선생에게 보내는 편지는 이것이에요."

봉인한 편지 봉투를 나에게 내주었다.

"먹을 것이 없어 배를 곯고 있는 때 이렇게까지 정성을 하는 것을 보아 심상치가 않구만. 아주머니같은 깍쟁이가 이 정도로 한다니 나도 아무 때나 아주머니를 더 세심하고 부드럽게 진찰도 하고 만져도 주고 하겠소. 한 시간에 한 끼 식사를 얻을 수 있다면 나도 그런 과에 가서 일하고 싶소. 나는 하루 종일 환자를 보고 왕진을 다녀도 점심은커녕 욕이나 먹지 않으면 다행이더구만."

"선생이야 여자들의 마음을 끌어당기는 재간이 없어서 그렇지요. 이제라도 나에게 마음만 들게 해주면 이까짓 것 다 무엇이에요?"

그녀가 일어서 가려고 했다.

"그러면 나는 바람이 난 여자의 심부름이나 하겠소."

나는 전달해 주겠다는 뜻으로 말하였다. 출근해서 내가 그 사람에게 편지와 가방을 건네주면서 농담을 섞어 말했다.

"총각 선생이 애가 둘인 여자를 꼼짝 못하게 하였으니 나에게도 그런 재간을 좀 배워 주지 않겠소?"

그러자 그가 말했다.

"솔직히 말하면 모든 것이 힘들어 사람들이 신경이 예민한 지금 오히려 배고프지 않던 그 전보다도 인정이나 애정 문제에서는 더 예민해졌는지 나는 때때로 여성 환자들에게서 생각 밖의 대접을 받을 때가 종종 있습니다. 그 전에는 산모들이 밥이라도 하여 오는 날에는 그래도 선생이라고 식사 대접 같은 것은 거의 매일이었습니다. 그런데 지금은 산모도 없거니와 간혹 산모다 있다 해도 밥도 해오지 못하는 집들이 더 많습니다. 대학을 졸업하고 의사를 한다는 사람이 누가 점심 한 끼나 먹여 주지 않겠나 하고 생각을 해야 되는 지경이니 나나 선생이나 가련하기가 짝이 없구만."

그가 하는 신세타령을 들으며 나는 일하는 곳으로 갔다. 며칠 후 그녀가 아침 일찍 나에게 찾아와서 한 번 더 전달해 달라고 부탁하고 돌아갔다. 나는 출근할 때 그녀의 집에 들렀다.

"이제 더는 나에게 그런 심부름을 부탁하지 마시오. 남편이 알게 되는 날에는 괜히 나이나 든 사람이 완전한 바보가 되어 망신을 당하게 되오. 정 그렇게 갖다 주고 싶으면 직접 갖다 주든 오라고 하든 하시오."

내가 정색하여 말했다.

"나도 이래서는 안 된다는 것을 알면서도 왜 그런지 그 선생이 어머니와 단 둘이 힘들게 살고 나를 살뜰하게 대해 주던 그 손길이 자꾸만 생각나서 무엇인가 도와주고 싶은 마음이 계속 생겨나서 그럽니다."

"잘 들어보시오. '사랑이란 받는 것이 아니고 주는 것이다.' 라고 어떠한 사람이 너무나도 명백하게 후대에게 알려 주었소. 아주머니가 바로 그런 것 같구만. 8년 결혼 생활에서 단 한 번의 만남으로 작은 애정의 감정을 느꼈다면 그 결혼 생활을 앞으로 어떻게 유지해 나가겠소? 기계적이고 무감정적이니 결합은 무미건조하고 아무런 뜨거운 순간도 맛보지 못할 것이 뻔하지 않소?"

나는 애정 전문가인 것처럼 아는 체하였다. 나는 그녀가 부탁하는 것은 다시 한 번 전해 주었다.

"이제는 다시는 저한테 이런 것을 가져다주지 마십시오. 꼬리가 길면 밟힌다고 괜히 총각이 아주머니와 무슨 일이라도 있는 것처럼 소문이 나면 두 끼의 밥 때문에 큰 망신만 당할 것 같구만."

그는 내가 주는 것은 받았다. 그런데 꼬리가 길지 않았는데도 밟히고 말았다. 하루는 소풍 겸 저녁 후 그녀의 집으로 갔다. 내가 들어가는데 그들 부부는 비교적 차가운 낯빛으로 나를 맞아주었다.

"제가 이런 것을 물어본다고 다른 생각은 말고 무엇을 누구에게 전해 주었고 우리 처와 그 사람의 관계를 아는 정도까지만 말하여 주면 좋겠습니다."

그녀의 남편이 나에게 조용히 부탁하였다. 그의 말이 끝나기 바쁘게 그녀가 터무니없는 말을 나에게 던졌다.

"선생이 별것을 다 애 아버지한테 말하여 부부간에 의심이나 하게 합니까?"

내가 너무나도 어처구니가 없어 '하하' 하며 크게 웃어버리고 그녀에게 되물었다.

"내가 도대체 무엇을 누구에게 말했다는 것입니까?"

"그러면 남편이 보지도 듣지도 못하고 어떻게 그것을 알 수 있습니까?"

나에게 바가지를 씌웠다.

"여보, 영옥 아주머니, 부인과에 나와 특별히 가까운 간호원이 있는데 그 선생이 아주머님께서 보내 주신 것을 그 간호원과 함께 잡수시었습니다. 길에서 만났던 간호원이 잘 먹었다고 인사를 하여 내가 알게 되었습니다."

남편이 자기 처에게 조롱하듯이 말하면서 비아냥거렸다.

"내가 갖다 준 사람은 부인과 선생인데 애 어머니보다 네 살 아래인 총각입니다. 아마도 부인과 치료를 받아보니 인사하느라고 한 끼분 밥이나 보낸 것 같은데 내가 남의 밥그릇이나 열어 볼 사람이오? 내가 알기에는 애 아버지가 생각하고 있는 그런 문제는 애초에 생각도 하지 않는 것이 좋겠다고 생각되오. 하도 먹을 것이 귀한 때여서 병원의 선생이 밥까지 얻어먹는 신세가 되었으니 이것이야말로 얼마나 쓸쓸하고 가슴 아픈 인생이오."

내가 수탉처럼 마주보는 그들 부부 앞에서 신세타령을 하였다. 나의 말을 듣고 난 부부는 이제는 아예 문제가 다르게 번져 졌다.

"요즘 집에 관심이 없다 하고 생각했는데 밥 먹은 소리까지 당신에게 해 주는 간호원이 도대체 누구요. 길에서 만나 밥 먹은 소리나 하는 사람이 어디 있어요. 언제부터 그렇게 가까운 사이로 보냈어요?"

이제는 그녀가 남편에게 마치 큰 증거라도 잡은 듯이 야단을 쳤다.

"여자들이란 이렇게 생억지를 잘 쓴다는 말입니다. 자기는 나도 배고픈데 외간 남자에게 술이요 떡이요 해보내면서도 내가 말 몇 마디 나눈 것을 가지고 저렇게 걸고 드니 박씨 여자의 솜씨가 어데 갈 데 있겠소. 그래서 죽은 박씨가 살아있는 최가를 이긴다고 하지 않습니까?"

그는 자기의 아내의 이마를 튕기더니 내가 보는 앞에서 끌어안 아 주었다. 그들의 언쟁이 일대일로 싱겁게 끝이 나고 말았다. 그 런데 그 후 남편이 다른 곳으로 조동되어 산골로 가게 되었다. 사 실인 즉 그것은 조동이 아니라 식량난을 해결하여 보려고 시내에 서 멀리 떨어진 산골에 가서 부대기(화전)라도 일구고 염소라도 길 러 자라나는 두 아이를 배고프지 않게 키우려는 그들 부부의 생활 절약으로 생각하여 낸 구상이었다.

그런데 화는 쌍으로 온다는 말대로 산골에 간 지 얼마 되지 않아 그녀는 부인과 질병을 앓게 되어 병원에 입원하고 부인과에서 다 시 유일한 남자인 그 선생의 치료를 받게 되었다. 우연한 인연인지 아니면 필연적인 운명인지 그 두 남녀는 입원한 그날부터 서로가 부끄러워하면서도 억제하기 힘든 감정에 싸여 치료와는 관계없는 시간에도 만나곤 하였다. 그때에는 병원이라고 하지만 난방도 전 기도 없어 추운 것은 물론이고 해가 넘어가면 병실 안은 캄캄한 까 막나라로 되어 아무것도 볼 수 없었다. 병원 직원의 60~70%가 식 량 문제로 출근을 제대로 못하는 때라 입원실에 입원한 환자들을 밤에 돌보고 치료해야 되지만 대부분이 여자들이고 남자란 그 사 람 하나뿐이어서 대부분 밤 치료는 남자 선생이 도맡아 하지 않으면 안 되었다. 그때 환자가 따뜻하게 잘 수 있는 방법이란 의사들이 치료실에 불을 때는 아궁이에 돌을 달구어 천에 싸서 이불 안에 넣고 온기를 보장하는 방법이었다. 때로 석유곤로로 이불 안을 덥히다가 이불도 태우고 사람까지도 불에 데는 불상사도 일어났다.

다른 환자들은 그래도 남편이나 가족들이 돌보아 주었지만 그녀의 경우는 삼십 리나 떨어진 산골에서 두 아이들 돌보는 남편으로서는 도저히 그럴 수가 없었다. 이를 알게 된 남자 선생은 어두운 밤중에 돌을 달구어 그녀에게 갖다 주곤 하였다. 그러나 초저녁이나 이른 밤에 환자가 오면 그것을 하여 줄 수가 없어서 그녀는 차가운 방안에서 추위에 떨며 밤을 새워야 하였다.

하루는 초저녁에 들어온 환자를 치료하고 나니 어느덧 밤 12시가 되어 그 사람이 병실을 돌아보다 그녀가 입원한 방안에 들어 왔다. 그가 오기만을 눈이 빠지게 기다리던 그녀는 남자의 손을 잡아 자기 옆에 끌어당겼다.

"오늘 밤에는 오지 않는 줄로만 알고 있었어요. 어찌나 추운지 견디지 못할 정도에요."

사나이는 못 이기는 척하면서도 끌리는 유혹을 견딜 수 없어 그녀에게 손을 맡겨 버렸다. 그녀는 마치 무슨 보물이라도 잡은 듯이 남자의 두 손을 꼭 쥐고 한참이나 있다가 그 무엇을 할 것인가에 대해서 암시를 했다.

"여기는 이 세상 그 무엇도 보지도 듣지도 못하는 곳이 맞지요? 우리만의 비밀스런 세계지요?"

그녀의 말이 무엇을 요구하는가를 알아차린 남자가 천천히 그리고 조심스럽게 그녀의 이불 속으로 들어갔다. 그녀가 그의 손을 천천히 당겨 가서 멈춘 곳은 그렇게도 따뜻하고 부드럽고 볼록한 가슴이었다. 두 아이의 어머니라고는 하지만 그의 가슴은 전혀 처지지도 않았고 마치 부풀어 오른 고무공처럼 팽팽하였다. 그녀는 두 팔을 벌려 남자의 머리를 부여잡고는 자기의 달아오른 볼에다 그의 얼굴을 갖다 대고 마치 연인에게나 하듯이 교태를 부렸다.

"귀여운 총각, 귀여운 동생, 누나가 마음에 들어요?"

그녀의 말이 그에게는 거의 들리지 않을 만큼 그의 심장은 높이 뛰고 달아올라 온 몸이 뜨거워났다. 이렇게도 춥고 어두운 방에서 두 아이의 어머니를 자기의 첫 상대 여성으로 맞는다는 생각으로 그는 한켠으로 서글픈 생각이 들었고, 다른 한켠으로는 그가 만져 보는 모든 부위는 '두 아이의 어머니라고는 생각되지 않게 탄력이 있고 팽팽하다' 라는 생각이 들었다. 결국 여인은 이성에 대한 억제 못할 한계선으로 그를 끌어갔다. 가쁜 숨을 몰아쉬며 그녀는 남자의 허리에 두 손을 마주대로 힘껏 자기에게로 끌어당겼다. 모든 것이 무너졌다. 본능적으로 거의 미친 듯한 정욕이 모든 이성적인 사고의 한계를 초월했다. 의사와 환자라는 것도, 총각과 두 아이의 어머니라는 것도, 남자가 네 살이나 연하라는 것도 그들의 생각에는 안중에 없었다. 오직 뜨거운 두 남녀간의 억제 못할 정욕만이 있었다. 그렇게도 추운 병실이었으나 모든 것이 끝난 후 그들은 전혀 추위를 느끼지 못하고 평온하고 따스한 마음으로 깊이 잠들었다. 그녀는 입원한지 십오 일 만에 퇴원하였다. 그녀가 퇴원하여 한 달이 지나 가을이 되어 병원에서는 봄가을마다 약초 캐기에 사람들을 내보냈다.

그녀의 집에도 그녀를 아는 남자 선생과 그녀의 남편을 알고 있는 간호원과 다른 사람이 함께 숙식하게 되었다. 꺼져 갔던 어제날의 감정이 또다시 그들의 가슴을 들쑤셔 놓았다. 사람의 정이란 한 곳으로만 흐르는 법인지라 그녀가 아무리 주의하고 조심하여도 그 남자와 주고받는 눈길에서만도 넉넉히 알아볼 수 있었다. 하루는 점심 밥 곽에 쪽지 편지를 써 넣은 것이 밥곽이 바뀌면서 간호원에게 글쪽지가 들어가고 그 쪽지는 다시 남자 의사의 손에 들어갔다.

자기들의 사이 관계를 간호원이 알게 된 그 남자는 비밀을 지켜주는 대신에 그녀 또한 집주인과의 심상치 않은 관계를 입을 다물어 주겠다고 하였다. 이들이 말 없는 가운데 서로를 경계하며 보낸 지도 열흘이 가까이 되던 때 송이 캐러 갔던 남편이 벼랑에서 떨어져 척추가 골절되어 하반신 마비 환자가 되어 하루 종일 집을 비우지 않게 되면서 이들의 짧은 사랑도 막을 내리게 되었다.

이 년 후 남편이 죽자 그녀는 아이들을 구호소에 보내고 집도 없이 방랑하며 떠돌이 신세가 되었다. 떠돌아다니며 모든 것을 체념한 채 자기를 바라보는 그 여인이 한때는 자기를 그렇게도 잠 못 들게 하였던 여인과는 너무나도 거리가 멀다고 그 남자 의사는 나에게 말해 주었다. 세상에서 먹는 일이 가장 큰 문제이고 첫째가는 문제라는 것을 초근목피로 연명하여 어제 날의 그렇게도 아름답게 보이던 여인이 마주서서 보기도 끔찍한 모습으로 되는데서 느꼈다고 말하던 그 남자의사의 우울한 모습은 지금도 때때로 고향에 대한 꿈속에서 보이기도 한다.

어설픈 사랑

나지막한 야산이 끝없이 이어지는 산골짜기에 얼핏 보기에도 산
전막(山田幕)이라고 부르기에도 너무나 초라한 초막이 있었다. 지
붕이래야 비닐박막을 씌우고 소나무 가지를 그 위에 얹어 놓아 바
람에 날려가지 않게 한 것이 전부였다.

삼십대 중반의 사나이와 십칠팔 세로 보이는 남녀가 서로 마주
보며 이야기를 나누고 있었다.

"선생님 모든 것이 저의 잘못이고 모든 것이 내가 저지른 일이므
로 어떤 일이 있어도 후회도 하지 않고 내가 책임을 다하려고 합니
다. 선생님 나는 둘이 앉아 있기에도 비좁은 이 초막이지만 너무나
도 좋습니다. 내가 바라는 것은 선생님과 함께 있는 것이고, 선생
님의 얼굴을 볼 수 있고, 선생님의 손을 쥐어 볼 수 있고, 선생님의
은은한 목소리를 들을 수만 있다면 그 이상의 그 무엇도 바라지 않
습니다."

"영희야, 내가 너의 그런 마음을 이해할 수는 있지만 받아들이기

엔 너무나도 과분하다. 네 나이 열여덟인데 서른일곱 살의 사나이가 어떻게 네 마음을 받아들일 수 있겠니? 여름에 피는 꽃은 열매 맺기 힘들다. 무엇 때문이겠니? 꽃이 핀 시기가 늦었기 때문이다. 너도 알다시피 내가 이제 갈 수 있는 길이라는 것은 감옥뿐이다. 감옥에 가지 않으려면 죽음을 택하는 방법 밖에는 다른 길이 없다."

남자의 말이 끝나게 바쁘게 앉아 있던 여자는 사나이의 목을 끌어안고 그의 가슴에 얼굴을 묻고는 흐느껴 울었다. 사나이가 그녀의 잔등을 어루만지며 말했다.

"실컷 울어라. 내가 너를 볼 수 있는 마지막 시간이다."

여인이 끌어안았던 두 손을 풀고 남자의 머리를 끌어안는다.

"선생님, 왜 그리도 나약한 말을 하세요. 한 번 뿐인 인생을 이렇게 값없이 끝내고 싶어요? 나는 나의 사랑이 이제부터 시작이고 생각합니다. 선생님이 저에게 들려주었고 나의 일기장에 써 주셨던 그 명언이 나를 얼마나 강하고 뜨겁게 하고 있는지 아세요? '장애는 사람을 열정으로 만들고 만족은 사랑을 제거한다.' 선생님, 나는 선생이 써 주신 이 글을 한낱 명언이라고만 생각하지 않고 사랑하는 모든 청춘남녀들이 지침으로 삼아야 할 철학적 논리라고 생각합니다. 힘들고 배고프고 추울수록 자기가 사랑하는 애인을 위하여 사람이 할 수 있는 모든 것을 해주기 위하여 필사의 노력을 할 것이 아닙니까? 선생님이 감옥 가서 5년이든 10년이든 15년이든 있는다고 해도 영희가 기다릴 것이고 사랑할 것이라 의심 말고 믿으시면 살아가는데 큰 힘이 될 것입니다. 선생님, 저도 선생님을 사랑하는 것이 도덕 윤리에 어긋나고 뭇사람들에게서 조소를 받고 비난을 받아야 된다는 것도 알고 있습니다. 그런데 불행은 사랑해서는 안 될 사람을 잊을래야 잊을 수 없고 사랑을 하지 않으려 해도 나의 마음이 저절로 나도 모르게 사랑을 불태우는데 나로서도 어떻게 할 수가 없습니다. 선생님이 창가에서 고요하게 기타로 반주하면서 부르던 노래,

나의 새야 학들아
내 노래 전해다오.
말 없는 심장 속 그대 모습 지녔음을

이 노래는 내 마음에 끌래야 끌 수 없는 사랑으로서의 선생님을 심장 속에서 영원히 간직 시켰습니다."

여자는 말을 끝내면서 남자의 눈과 입술에 키스로 애무했다.

"영희야 고맙다. 철부지라면 철부지인 너에게 사랑의 불꽃을 일으킨 내가 선생으로서 사나이로서 지은 죄를 누구도 용서하지 않을 것이다. 네가 나를 원망하고 증오한다면 나는 감옥에 간다 해도 마음이라도 편할 것이다. 네가 열여덟 꽃나이에 유부남인 나 때문에 사랑도 청춘도 희망도 다 버리고 뭇사람들의 멸시와 조소 속에서 살아가야 될 것을 생각하니 말이나 글로 표현할 수 없는 서글프고 안타까운 마음뿐이다. 내가 너에게 바라는 것은 사제간의 도덕

을 어기고 범죄자로 된 나를 네가 증오하고 원망하고 잊어달라는 것뿐이다."

"선생님, 모든 것을 내가 시작했고 내가 했던 모든 지난날이 나를 위한 것뿐이지 선생님을 위해서 내가 선생님을 사랑한 것은 아니었지요. 선생님의 잘못이란 나와의 인연뿐이에요. 선생님이 우리에게 '음악만이 배고픈 사람에게도 배부른 부자에게도 외롭고 쓸쓸한 사람에게도, 모든 사람에게 똑같이 즐겁고 열정적인 감상의 세계 고상한 명상의 세계에도 이끌어 갈 수 있다'라고 가르쳐 주던 그때가 우리의 불행한 인연이 시작이었어요. 사랑이 무엇인지 알지도 못하였던 나에게 음악 선생님이 처음으로 나의 마음에 존경과 관심을 가지게 했어요. 이 인연이 나도 모르는 사이에 선생님에 대한 사랑으로 된 것 같아요."

"시간이 없다. 너와 내가 앉으며 하루가 일 년이 된다 해도 길지 않을 것이다. 벌써 해가 넘어가는 것 같구나. 오빠에게 갔던 일이 어떻게 되었는지 말해라."

"선생님, 선생님이 하라는 대로 하지 못하고 그대로 돌아왔어요."

그녀의 말이 끝나자 그 사나이는 얼굴이 검게 변하면서 고개를 숙이고 말하면서 눈물을 흘렸다.

"왜 못했니? 마지막 희망마저 다 틀렸구나."

"선생님, 선생님이 우리 아버지, 어머니와 토론한 대로 오빠 집에 가니 저녁에 오빠가 무슨 일 때문에 연락도 없이 왔느냐고 물어

보기에 제가 대답도 못하고 고개를 숙이고 울고 있으니 산부인과 의사로 일하는 형님이 저를 유심히 살펴보시더니 저의 손을 잡고 잔등과 가슴과 배를 만져보고는 의사 직업의 본능으로 대번에 알아맞추는 것이었어요. 형님이 몇 달인가 하고 물어보자 오빠가 무슨 영문인지 몰라 형님에게 무슨 일인가고 물었습니다. 형님이 시누이가 임신 육칠 개월 된 것 같다고 오빠에게 말하자 오빠는 너무도 놀라 입만 벌리고는 몇 분 동안은 말도 못했습니다. 오빠는 저만 쳐다보다가 조용히 저를 끌어안고 눈물만 흘리다 한참 후에야 말을 꺼냈습니다. '영희야, 사람이 살다 보면 별의 별 일이 다 있다. 큰 마음먹고 근심하지 말아라. 네가 말하지 않아도 뱃속의 아이를 처리하자고 온 것 같은데 나는 그렇게 못하겠다. 네가 좀 힘들어도 아이를 낳으면 오빠와 형수가 그 애를 키우겠다.' 그러면서 오빠가 형님에게 어떻게 하겠는가 묻자 형님이 칠팔 개월이면 다 자란 아인데 죽이기도 아깝고 망신하기도 같은데 그럴 바에야 모든 것을 참고 애를 낳으면 자기가 키우겠다고 하면서 집으로 돌아가라고 하였어요. 오빠가 '남의 뒷소리는 길어야 삼일이다' 고 하면서 큰일이 아닌 듯이 형님이 말하는 대로 진찰을 받고 형님이 오라고 할 때에 오빠 집에 와서 아이를 낳으라고 하였어요. 저를 사랑하는 오빠나 형님 앞에서 저는 딴 말을 더 하지 못하고 집에 와 있다가 선생님이 여기 농촌에 추방되어 왔다는 것을 겨우 알아가지고 선생님을 보고 싶기도 하고 안심시키고도 싶어 새벽에 떠나 오십 리 길을 이제야 도착했어요."

그녀의 말이 끝나자 그 사나이는 눈길을 돌려 큼직하고도 검은 그녀의 두 눈에 시선을 멈추고는 그녀의 두 손을 쓰다듬었다.

　"영희야 미안하다. 얼마나 힘들었니?"

　"아니, 선생님을 보러 오는데 오십 리 길이 힘들어 오지 못할 영희가 아니에요. 힘들기는커녕 오십 리를 여섯 시간 동안에 땀을 흘리면서 뛰어 오다시피 오면서도 전혀 힘든 것을 느끼지 못하였어요. 나는 선생님과 함께 있을 수 있고 갈 수 있다면 감옥에라도 가고 싶은 마음 밖에는 없어요. 지금 이 영희에게는 선생님과 함께 있고 같이 살고 싶은 생각 하나밖에는 다른 생각이 전혀 없어요. 그리 아시고 예전처럼 나를 사랑만 해주세요. 선생님이 그렇게도 즐겨 부르던 슈베르트의 '자장가' 며 베토벤의 '월광곡' 을 들을 수만 있다면 나는 여자로서 인간으로서 모든 행복을 다 가졌다고 말할 수 있을 것만 같아요. 나는 너무도 어린 나이지만 기계적이고 틀에 박힌 이 따분하고 냉랭한 현실 생활에서 멀리멀리 떠나 살고 싶어요."

　"영희야 너는 이렇게 살기엔 너무나도 아까운 인생이다. 너 같이 좋은 여자를 불행하게 한 내가 어떻게 하면 너를 이 불행에서 건져줄 수 있겠니? 빨리 날이 어둡기 전에 집으로 돌아가라. 돌아가는 길에 어두워지겠는데 그 어둠 속에서 나까지 함께 잊어라. 네가 불행에서 너를 건지는 길이란 나를 잊어버리는 것뿐이다. 내가 너에게 해줄 수 있는 것이란 감옥에 가서 치욕과 고통 속에 참회하는 것뿐이다."

일은 이렇게 시작되었다. 끝없이 푸른 동해의 물결이 한눈에 바라보이는 바닷가의 자그마한 언덕 위에 자리 잡은 삼층의 학교 음악실에서 관현악 합주 소리가 때로는 장중하고 때로는 경쾌하게 사람들의 마음에 감동적으로 들려왔다.

얼핏 보기에는 십육 십칠 세로 보이는 중고 남녀 학생들이 음악실에서 음악 연습을 하고 있다. 6월이라 훈훈한 바람이 때로는 창문에 드리운 커튼을 휘날리며 실내에 들어와 연습중인 학생들을 방해하여 그들을 지도하던 음악 선생이 말했다.

"영희야, 창문을 닫아라. 바람이 너무나 세게 부는구나."

이 말을 들은 늘씬한 몸매의 한 여학생이 열려진 창문들을 차례차례 닫았다. 그때 갑자기 커튼을 날리던 바람이 그녀가 입고 있는 블라우스를 허리에서 가슴까지 휘감아 올렸다. 그녀의 허리에는 그녀가 띠고 있기엔 너무도 어울리지 않는 손바닥 같이 넓은 군인 혁대가 허리를 감은 것이 눈에 띄었다.

창문을 닫는 여학생을 바라보던 음악선생의 눈에 그녀의 허리에 감겨진 혁대에 눈길이 멎자 선생이 그녀를 조용히 불렀다.

"영희야, 왜 그런 혁대를 불편하게 띠고 다니니? 연습에 방해가 되지 않니? 불편할 것 같은데 혁대를 벗어라."

선생의 말이 끝나도 그녀는 묵묵부답으로 미동도 하지 않았다.

"영희야, 혁대를 풀지 못하는 무슨 이유라도 있니?"

"선생님, 근심하지 마세요. 임신했어요."

대번에 선생님의 얼굴이 사색이 되었다.

"아니, 왜 이제야 그 말을 하니? 네가 임신을 하면 내가 어떻게 된다는 것을 네가 모르는 정도로 우둔하다는 말이냐? 너는 내가 감옥에 가기를 기다렸니?"

사나이는 격분에 가까운 차가운 말투로 학생을 다그쳤다.

"선생님, 선생님이 근심하실 것 같아 내가 말하지 못했으니 그리 아시고 모든 것은 내가 책임지겠습니다. 나도 열여덟 살이 아닙니까? 내가 선생님을 감옥에 가게 했다면 지난날에 있었던 모든 일이 내가 시작하였으니 그 책임도 내가 질 수 있지 않습니까? 단지 부끄러운 것은 너무 어린 나이에 사랑이란 것을 알게 되었고 사랑을 하였다는 떳떳치 못한 나였다는 것뿐입니다."

말을 마치는 그녀의 눈에는 눈물이 흘러내려 발등에 떨어졌고, 그녀를 바라보는 선생의 얼굴은 굳어진 듯 마치 조각상 같은 모습이었다.

그에게 그녀와의 너무나도 짜릿짜릿 하였던 반년 간의 지난날이 마치 주마등 같이 떠올랐다. 가을이 지나가고 초겨울이라 하기엔 아직도 따스한 12월의 어느 날 저무는 석양이 음악실의 구석구석을 비치는데 음악소리가 울리는 가운데 선생을 자기의 모든 것을 학생들의 연습을 분주히 지도하고 있었다. 연습이 끝난 후 후리후리한 키의 쌍겹풀 눈매를 가진 보기에도 사람들의 눈을 끌기에 충분한 여학생이 선생에게 다가와 말했다.

"선생님, 오늘 저녁 아버님의 생일이어서 선생님을 모시고 오라 하였습니다. 선생님 준비하고 집으로 갑시다."

"영희야, 내가 아직 너의 아버지, 어머니를 한 번도 만나본 적이 없는데 왜 나를 초대하니? 다른 선생도 초대하였니?"

"아니, 선생님만 모셔 오라 하였습니다."

그녀는 애원하는 듯한 눈매로 선생을 쳐다보면서 두 손을 잡고 집으로 가자고 졸라댔다. 그녀의 간청을 거절할 수도 없고 호기심도 있고 제자가 선생을 초대한다는 것도 별로 특별한 일이 아니므로 그는 영희의 집도 구경할 겸 영희의 청도 받아들일 겸 영희와 함께 그녀의 집으로 갔다. 그녀의 집은 학교에서 멀지 않은 바닷가에 자리 잡은 아파트의 이층이었다. 그녀가 이끄는 대로 집 안에 들어가니 아버지의 생일이라 하는데 아버지도 어머니도 집에 없고 십사오 세로 보이는 남학생만이 텔레비전을 보고 있었다.

"아니, 아버지와 어머님은 생일날이라는데 모두 어디로 가셨니?"

"선생님, 사실은 내가 선생님에게 직접 그 무엇이든 대접하고 싶었습니다."

말이 끝나기 바쁘게 그녀는 방안에 밥상을 놓고 자기가 준비했던 가자미, 생복, 낙지 등 바다 물고기를 요리와 보기만 해도 마시고 싶은 인삼주, 홍삼술을 상 위에 차려놓았다.

"선생님, 이리 오세요."

말과 함께 영희가 선생의 손을 잡아 상 앞에 이끌어 앉혔다.

"아버지는 출장이시고 어머니는 외갓집에 볼 일이 있어서 며칠 갔으니 아무 생각도 하지 마시고 오늘은 내가 주인이고 선생님을 손님으로서 제가 하라는 대로 따라하세요. 사실은 술이나 몇 잔 드리려고 이 자리를 마련한 게 아니에요. 저는 선생님이 우리들의 현악 3중주 관현악 합주를 지도해 주실 때 모든 정열을 다하여 노력하는 모습과 때로는 열려진 창문으로 흘러가는 흰구름을 바라보시면서 부르던 그 모습이 너무나도 대조적이고 선생님의 심리상 너무나도 큰 공허한 빈자리가 있음을 눈치챘어요.

내 왜 그대를 알았던가?
내 차라리 그대 몰랐더라면
내 심장 이다지 고동치지 않으리

노래 부르면서 선생님의 눈가에 이슬이 맺힌 것을 내가 보았을 때 선생님에 대한 연정이랄까? 아니면 동정이랄까? 하여튼 말로 표현할 수 없는 이상야릇한 감정이 내 마음에 자리 잡기 시작했어요.”

그녀는 천천히 술잔에 술을 붓고 젓가락으로 물고기 한 점을 집어서 선생의 입 안에 넣어 주었다. 양 볼에 패인 귀여운 보조개와 크고 검고 맑은 눈동자에 웃으며 바라보는 그 모습은 사나이의 마음에 뜨거운 불같은 것이 온몸을 감싸듯 격정에 휩싸이게 하였다. 그녀가 술잔을 두 손에 받쳐 들고 사나이에게 권하는 모습은 애정 그 이상의 그 어떤 형상을 담고 있는 듯하여 사나이로서는 무아몽중의 세계로 이끌어가듯 황홀감을 주었다. 그녀가 집어 주는 물고기와 그녀가 부어 주는 술이 몇 잔인지는 기억도 못한 채 희미하게 취하여 가는 감을 느꼈다.

사나이가 눈을 떴을 때에는 희미한 새벽빛이 아파트의 창문으로 비껴 들어와 방안을 어렴풋하게 비추어 주는 새벽 4시였다. 사나이는 자기가 자고 있는 이 방안이 자기 집이 아니라는 것을 알아차리고 일어나 벽에 걸린 시계를 쳐다보고 옷을 찾아 담배를 피워 물었다. 그때 방안 한켠에 앉아 있던 영희가 속옷 차림으로 소리 없이 다가와 그를 뒤로부터 끌어안았다.

그녀는 한손으로는 담배를 피우는 사나이의 입을 막고 한손으로는 그의 귀를 잡고 온몸을 그의 잔등에 밀착시키면서 마치도 심장의 박동에 맞추기라도 하는 듯이 천천히 그리고 조용히 귀에 대고 말했다.

"내 차라리 그대 몰랐더라면 내 심장 이다지 고동치지 않으리! 나의 존경하시는 선생님, 영희의 말을 들어요? 나도 내가 왜 이러는지 모르겠어요. 선생님의 집에 찾아간 것이 다섯 번이나 돼요. 어린애가 둘이죠, 사모님은 영어 선생님이시구요. 선생님, 나는 나를 결코 부정한 여자로는 생각하지 않아요. 부정한 인생 살고 싶지도 않아요. 그러나 오늘의 이 밤만은 없었던 것으로 하고 나를 받아 주세요."

그녀의 말이 끝남과 동시에 선생의 손을 잡아 한켠의 어두운 곳으로 이끌어 데려 갔다. 성숙한 처녀의 육체가 잔등에 닿을 때부터 끓어오르는 욕정을 자제하기 힘든 상태였는데 그녀가 잠옷 그대로 그 연약하고 따스한 두 손으로 온몸을 애무하자 더는 참을 수 없었다. 인간이란 정신적, 육체적, 인내력에도 한계가 있는 법이라 사제 간이라는 중년의 유부남과 십칠 세의 철부지 처녀라는 변이 없어서는 안 되는 벽도 끝내는 허물어지고 말았다. 온몸을 불같이 달구었던 정사가 끝난 후 인간의 느낄 수 있는 육체적 쾌락과 만족감이 그들로 하여금 오랫동안 서로의 포옹에서 떨어질 수 없게 하였다.

"선생님, 저는 선생님이 사랑에서는 불행한 인간이고, 인생에서는 적막과 고독감을 이기지 못하여 그 어딘가에 있을 목가적인 세상에서 헤매고 있다는 것을 알고 있어요. 선생님, 제가 비록 나이가 어리지만 선생님의 그 목가적인 세상의 주인이 되고 싶어요. 저는 선생님과 그 은은한 노래 소리와 그 무엇인가 새로운 것을 찾는 것 같은 초점이 없는 눈길을 바라볼 수만 있다면, 선생님이 기타로 치는 슈베르트의 자장가를 들을 수 있다면 이 세상의 그 무엇도 바라지 않아요."

그녀가 일어나서 불을 켜고 세면을 하라고 수건을 갖다 주었다. 그때 다른 방에서 자던 남동생이 잠에 취한 그대로 방안에 들어오자 그녀가 다짐하듯 말한다.

"선생님이 오셨다 가신 것을 아버지와 어머니에게 절대로 말하면 안 된다. 네가 이것을 말하는 날에는 아예 끝장이라는 것을 명심해 두어라."

그렇게도 온순하고 유순했던 영희의 모습과는 전혀 다른 차갑고 매서운 여자로 되어 자기보다 키가 큰 남동생이지만 기가 죽어 그대로 말하지 않겠노라고 대답했다. 사나이가 세면을 끝내고 들어오자 간단하게 식사를 권했다.

"식사를 하시고 집에 들렸다 출근해야죠. 벌써 6시입니다. 선생님이 저의 심정을 이해해주리라고 생각합니다. 철부지이기도 하고 철부지가 아니기도 한 한 여자의 잘못되기도 하고 잘못이 아니기도 한 생각하는 심정을 알아만 주세요. 앞으로 저와 선생님의 사이에서 그 어떤 불의적인 변화가 없는 한 저는 이 관계를 계속할 것입니다."

영희의 말이 끝나자 그들은 거의 동시에 지난날의 기억들을 더듬었다. 영희는 집을 떠났고 떠나가는 그녀의 뒷모습을 바라보는 사나이의 모습도 시야에서 그녀가 사라지는 것과 함께 어둠 속에 잠겨 버렸다.

그로부터 다섯 달이 지나 사나이는 법정에서 사제 간의 불륜 관계를 강간범죄에 속한다는 죄명으로 15년의 징역형을 언도받고 감옥으로 가는 인생의 패자가 되었다. 사나이는 가족과 친구와 이웃들의 냉대와 조소 속에 그 어딘가에 있는 감옥으로 떠나게 되었다. 어떻게 알아냈는지 그가 보기에도 끔찍한 희고 번쩍이는 죄수들만이 차는 족쇄를 두 손에 차고 열차에 오르려고 할 때 영희가 달려와서 그 무엇인가 든 보자기를 그에게 주면서 말했다.

"제가 준비한 도중 식사에요. 제가 때론 면회도 가겠어요. 저를 잊지만 말아주세요. 나도 그렇고 선생님도 그렇지만 우리는 그 누구에게 죄를 지은 것도 없고 피해를 준 것도 없고 단지 법이라는 인간이 만들어낸 이것의 희생물일 뿐이에요. 나는 이따위 법 같은 것은 인정하고도 싶지 않고 인정하지도 않아요. 내가 살아 있는 한 사태의 진상을 탄원하여 얼마간이라도 빨리 나올 수 있게끔 노력하겠어요. 제발 건강에만 주의하세요."

말을 끝내면서 계호원들의 억지다짐에도 불구하고 그녀는 수많은 사람들의 시선도 아랑곳하지 않고 두 팔로 사나이를 끌어안는 것으로 작별 인사를 했다.

세월이 흘러 십년이 지난 뒤 사나이는 자유의 몸이 되고 십 년 간의 감옥생활로 그녀와 다시 만나 그녀가 말하던 초막에나 비길 만한 자그마한 초가집이 영희 집에서 그렇게도 즐겨 부르던 노래를 둘이서 때때로 함께 부르며 살아간다.

내 왜 그대를 알았던가
내 왜 그대를 알아왔던가
내 차라리 그대를 몰랐더라면
내 심장 이다지 고동치지 않으리

친구의 보복

다섯 사나이가 수상을 벌려놓고 술도 마시고 한담도 하며 때로는 돼지 먹따는 거북한 목소리로 노래까지 한다.

"창식이 그놈이 오늘 이 자리에 없는 것이 나는 제일 아쉽다. 솔직히 말해서 너희들 쯤이야 창식이 하고는 비길 수도 없지. 내가 없는 그 사이에 창식이는 우리 처를 양성반에 보내어 자격을 얻게 해 주고 또 유치원 교양원 일을 할 수 있게 배치까지 해 주지 않았나. 친구라는 것은 어려울 때 도와주고 친구가 보든 안 보든 진심으로 생각해 주는 법이다."

키가 작고 땅딸막한 사나이가 술에 취하여 얼굴이 빨개서 혀 꼬부라진 말이기는 하지만 제법 조리 있게 말했다.

"경철아 네 말이 옳다. 우리야 술이나 있으면 마시러 오고 심심할 때에나 찾아오는 가짜 친구들이야. 네 말대로 창식이 만한 친구는 다시는 너한테 생기지 않을 것이다. 너희 집을 얼마나 깔끔하게 돌보아 주었는지 삶은 소대가리도 웃을 만큼 잘 돌보아 주었다. 얼마나 깔끔하게 돌보아 주었는가를 너도 알게 되면 대단히 감사하게 생각하게 될 테니 밤이 열둘이 되더라도 오늘 밤 중으로 꼭 술이나 실컷 대접해라. 우리는 이만큼 대접받았으면 잘 되었다."

키가 크고 얼굴이 거무스레한 사람이 그 무슨 사연이라도 있는 듯이 창식이에 대하여 비꼬아 말하자 키 작은 사나이가 말했다.

"기분 나쁜 말은 하지 말고 네 말대로 그만 했으면 된 것 같으니 다들 가 보아라. 내가 외국에 가 있는 3년간에 너희들 생각을 하지 않은 날이 없다. 훗날 시간이 있으면 다시 모여 한 번 실컷 마시자."

그 말이 끝나면서 어색한 분위기를 눈치라도 챈 듯이 비틀거리면서 다들 돌아갔다. 그들이 문밖으로 나가기가 무섭게 문을 걸고 집 주인인 키 작은 사람이 부엌으로 부리나케 내려가 어린애 손만 한 손도끼를 들고 방 안에 뛰어들었다. 방 안에 앉아 있는 30대 중반의 여인에게 다가가면서 마치 도끼로 내려칠 듯이 오른손에 든 도끼를 머리 위에 쳐든 채 여인을 쏘아 보았다.

"야, 이 간나 새끼야, 인자 금방 너와 창식이 관계를 다 말했는데 사실이 맞아? 거짓말을 했다가는 이 도끼에 네 대가리가 두 쪽이 난다. 빨리 말해라."

방안에 앉은 여인은 자그마한 체구에 그 얼굴을 땅딸보 사나이에게는 과분하다고 말할 정도로 너무나도 예쁘게 생겼다. 겁에 질려 사시나무 떨다시피 하면서 그녀는 말하면서 남편의 두 발을 끌어안으면서 말했다.

"제발 한 번만 용서해 주세요. 사실이에요."

그녀의 말이 끝나자 그 말을 듣는 둥 마는 둥 하더니 사나이는 도끼를 든 채 문밖으로 나갔다. 그는 어둠에 잠긴 밤길을 비틀거리면서 한참이나 걸어가더니 5층 아파트의 3층의 한 집을 문을 열고 들어가 신발도 벗지 않고 그대로 방안에 들어섰다. 방안에는 30대의 여인이 책을 읽으며 앉아 있다가 들어오는 그를 보고 반기며 말했다.

"집에 왔다고 하더니 정말로 오셨구만요. 오래간만에 만나보니 정말로 반가워요."

그녀의 반기는 인사와는 달리 땅딸보는 언성을 높이며 차갑게 말했다.

"야, 이 쌍간나 새끼야, 창식이 새끼가 집에 오면 내가 도끼를 가지고 왔더라고 말해라. 오늘밤 중으로 오지 않으면 이 도끼로 창식이 새끼를 죽여버린다. 알겠니?"

그는 손에 쥐고 있는 도끼를 여인 앞에 내보였다. 너무도 놀란 여인이 억울함을 내뱉었다.

"아니 누구보고 이 간나 저 간나 하고 야단이에요? 도끼를 들고 다니면서 정신 나간 사람처럼 미쳐가지고는 누구 집에 와서 야단을 쳐요?"

"야, 이년아. 나는 정신병자도 아니고 술도 취하지 않았다. 도끼를 들고 왔을 때에야 네 남편이 도끼에 맞을 만한 짓을 한 것이 뻔하지 않니? 그리 알고 그 새끼를 살리고 싶으면 밤이 열두 시라도 우리 집에 보내라."

땅딸보는 간다는 소리도 없이 밖으로 나갔다. 그로부터 몇 시간이 지나 자정이 될 무렵 창식이가 사색이 되어 땅딸보의 집에 들어오더니 대번에 땅딸보를 끌어안으며 빌붙었다.

"야, 한 번만 살려 달라."

"길게 말하지 않겠다. 네가 내 처를 삼 년이나 데리고 잘 놀았으니 나도 네 처와 놀아 보아야 되지 않니? 만약 네 처가 제 발로 우리 집에 오지 않으면 너를 군당에도 반영하고 안전부에도 신고하겠으니 더 생각해 볼 것도 없다. 꼴도 보기 싫으니 빨리 가라."

땅딸보가 그를 밀쳐 버리니 들어왔던 사나이는 얼굴도 못 들고 그대로 꽁무니를 뺐다. 그는 교육부 시학이었다. 그가 집에 돌아와 저녁도 먹지 않고 술만 한 병을 게 눈 감추듯 하여 마셔버리고는 그대로 옷도 벗지 않고 방 가운데 벌렁 누워 버렸다. 이 모양을 지켜보던 그의 아내가 무슨 일이냐고 이리저리 물어도 그는 눈을 감은 채 아무 대답도 없었다. 불과 이틀간 밥 한 끼 먹지 않고 물 한 모금 마시지 않은 그였지만 어찌나 여위고 수척해졌는지 사람이 이렇게도 빨리 늙어갈 수 있겠느냐 싶은 생각이 날 정도로 보기 흉측하게 되었다. 창식은 끝내 그가 자기의 처에게 말했다.

"내가 경철이의 처와 관계를 가졌는데 당신을 보내지 않으면 그놈이 나를 안전부고 군당이고 가서 다 고발하겠다고 했소. 그놈의 성격이야 당신도 알고 있지 않소? 그놈이야 막노동자인데 무엇이 두렵고 무엇을 가릴 처지가 되는 놈이요? 내가 다 말을 했으니 당신이 알아서 하여 주오."

여인이 아무리 생각을 해보아도 경철이의 말대로 하는 것 외에는 다른 방법은 없다고 생각하고 경철이의 집으로 갔다. 그가 경철이 집에 들어서자 기다리고 있었다는 듯이 아내는 없고 빈 방에 홀로 누워 있었다. 들어온 그녀를 보고 대뜸 마치 자기의 무슨 놀이감이라도 되는 듯이 서슴없이 강요했다.

"야, 옷이나 벗어라."

그녀는 체면도 부끄러움도 무릅쓰고 그의 말대로 아예 옷을 전부 벗어버리고 나체로 방 안에 누웠다. 땅딸보가 자기의 처보다는 형편없이 못생긴 그녀를 아래위로 훑어보면서 쓴 웃음을 지었다. 사람의 음흉한 욕정이 있지만 땅딸보는 두 아이를 낳은 쭈글쭈글한 그녀의 복부를 역겹게 바라보면서도 아무러한 성적인 매력이나 쾌락은 느끼지 못했다. 그러나 처음으로 상대해 보는 여자라는 것 때문에 억지로나마 끝까지 관계를 하였다.

"네 것이 이 정도로 낡아 빠졌으니 창식이 새끼가 우리 처한테 눈독을 들인 게 뻔하구나. 너는 말이 여자지 나는 돈을 가지더라도 너 같은 것은 보지도 않겠다."

그것이 끝나자 옷을 입는 그녀의 젖가슴을 만지면서 말했다.

"네 것은 완전히 할머니 젖이구나. 이것도 젖이라고 달고 다니니? 우리 처도 아이를 둘이나 낳았지만 아랫것이든 위의 것이든 아직도 생생하다. 두 번 다시 우리 집에 왔다가는 코피 터질 줄이나 알아라. 네 남편을 고자질하지 않겠으니 안심해라."

땅딸보는 말을 마치고 수치스러움에 낯이 붉어진 그녀의 궁둥이를 발로 차며 내쫓았다. 그녀는 남편 때문에 받았던 모욕과 수치감을 벗어버리지 못하고 이혼을 하고 새 곳으로 이사하는 것으로 이 일을 마무리 지었다.

슬픈 영예 군인

　예로부터 어떤 나라 어떤 민족이든지 남자로 태어나 자기 나라를 위하여 한 몸을 바치는 것은 의무이자 영예라고 하였다.

　북한도 역시 군복무를 하다가 부상당하여 불구가 되면 영예 군인이라는 특별한 명칭을 주고 특별한 사회적 국가적 대우를 해 주어 젊은이들이 국방에 모든 것을 바치도록 유인한다. 영예 군인이 되면 그 불구 상태에 따라 여러 가지로 분류하는데 특류로 분류 받으면 일생 동안 백미를 공급받고 생활할 만한 생활비와 그에게 시집오는 처녀들은 신문에도 내고 국가적인 행사에도 내세워 준다. 그리고 북한 노동자로서는 일생을 벌어도 구입할 수 없는 귀중품으로 여기는 칼라 텔레비전도 선물하고 냉장고도 선물한다. 또한 명절이면 국가적인 선물과 후원 물자도 보내준다. 한심한 것은 허영에 들떠 인생의 길이 어떤 것인가는 생각도 해 보지 않고 덤비는 여자들의 한심한 인생관으로 때때로 너무나 비참한 결과를 초래하곤 한다.

척수 손상으로 두 손만 겨우 움직이고 죽을 때까지는 누워 있을 수밖에 없는 영예 군인과 그 아내의 비참한 이야기이다.

너무나도 예쁘게 생겨 보는 사람마다 미인이라고 말을 듣는 산골 농촌의 한 처녀가 농사일도 하지 않고 편안하고 존경을 받을 수 있다는 어리석은 생각을 가지고 하반신이 마비된 영예 군인에게 시집을 왔다.

처음 몇 해는 사람들의 관심과 생각 밖의 선물들로 남녀 간에 있어야 되는 운우지정이나 애정은 그다지 별 문제가 되지 않았다. 그러나 시간이 감에 따라 이성에 대한 본능적인 갈망은 그녀로 하여금 영예고 존경이고 다 집어 던지고 인간 본성에 맞춰 그대로 살아 가지 않으면 안 되었다. 시집와서 5년이 되던 해 그 사이에 알게 된 한 남자와 몰래몰래 연정을 나누다가 끝내는 임신까지 하게 되었다. 이것을 알게 된 시부모가 인간으로서는 있을 수 있는 일이라고 관대히 생각하여 아들 몰래 뒤처리까지 해 주었다.

영예 군인은 이성에 대한 불타는 욕정으로 자기를 전혀 돌보지 않고 밖으로만 다니는 아내를 한켠으로는 얄밉게 생각하면서도 점심과 저녁은 먹어야 된다고 생각하여 거의 애원하다시피 낮은 목소리로 그녀에게 부탁했다.

"여보, 당신의 심정은 충분히 이해하오. 내가 없는 것으로 치고 차라리 우리 집에 와서 마음대로 즐기오. 당신이 알지만 내야 침대에서 일어나지도 못하고 밥도 갖다 주지 않으면 굶어야 되는 말 그대로 살아 있는 송장이 아니오. 내가 말한 대로 나를 조금이라도 생각하면 이제부터는 제발 굶기지 말고 집도 비우지 말아주오."

그녀도 곰곰이 생각하여 보니 구태여 불편하게 여기저기 다니지 않고 자기 집에서도 쾌락을 즐길 수 있다고 생각하고는 말 그대로 정부를 집에까지 데려오기 시작하였다. 그들은 깨끗하고 밝은 방 안에서 마음껏 즐기기 시작하였다.

나이는 30대를 바라보지만 해산 한 번 하지 않은 그녀의 통통하고 눈 같이 흰 젖가슴을 외간 사나이가 손으로 만지고 입을 맞추는 모습은 비록 불구의 몸이지만 남편으로서는 참기 어려운 견딜 수 없는 정신적 아픔을 주어 머리를 돌려 보지 않으려고 하였다. 그런데 이들 남녀는 오히려 머리를 돌리는 그에게 자기들의 즐기는 것을 보라고 말하면서 그를 조롱하는 것을 일종의 쾌감으로까지 느끼게 되었다.

"여보, 지금은 젖은 만지지 않고 아래를 만지니 당신의 아내가 눈까지 감으며 거의나 죽은 사람처럼 너무나 좋아하오."

남자가 영예 군인을 놀려주었다. 몇 달 동안 계속되는 고통을 참다못하여 그녀의 남편은 조용히 눈물을 흘리면서 그녀에게 애원했다.

"여보, 차라리 내가 죽는 것이 지금의 고통을 받는 것보다 훨씬 나을 것 같소. 내가 반항 할 수도 없고 반항하지도 않겠으니 조용히 남들이 눈치 채지 못하게 죽여주오. 부탁은 고통 없이 죽여 달라는 것뿐이오. 나는 그래도 당신과 같은 미인을 손으로 만져 보았다는 것만 해도 아니 당신의 그 따뜻한 젖가슴을 만져 볼 수 있는 것만도 다행으로 생각하오. 아무 때나 당신이 하고 싶은 그 때에 나를 처리해 주오."

그의 말대로 그녀는 이성에 대한 너무나도 뜨거운 욕정을 참지 못하고 꼼짝없이 누워 있는 30대의 남편의 목을 두 손으로 천천히 눌러 손자국도 나지 않게 죽였다.

그녀의 이 살인은 너무나도 예쁘게 생긴 그녀의 모습 때문에 얼마 동안은 사람들의 의혹조차 받지 않았다. 그러나 그녀의 딴 남자와의 이성 문제가 길게 계속되자 시부모의 의심으로 법에 상정되어 그의 살인 행위가 밝혀졌다. 그녀 역시 남편이 죽은 지 얼마 되지 않아 형장의 이슬로 이 세상에서 떠나갔다.

제 5부

끝나지 않은 이야기들

생사람 잡기

백만 여의 인구를 가진 북방의 가장 큰 도시인 청진이라는 곳이 있다. 수성평야라는 넓지 않은 벌판에 자리 잡은 이 도시에서는 하루 종일 검은 연기를 뿜어내는 제철소, 제강소, 발전소와 조선소 등 커다란 공장들과 이름도 모를 작은 공장들이 주민 구역과 어울려 수백 개나 된다. 이에 따라 크고 작은 병원 진료소들도 있다.

구역 병원이라고 하면 보통 5만부터 10만까지의 인구를 치료 대상으로 하는 중간급에 해당되는 종합 병원이다. 어느 한 구역 병원에서 오랫동안 의사로 일해 온 한 의사가 겪은 일이다.

병원이라면 보통 치료와 함께 진단서 발급이 거의 동반된다. 왜냐하면 치료를 받느라고 일하지 못하였다는 진단서가 없으면 무단결근으로 안전부에 보고되어 감시를 받게 되며 무단결근을 하게 되면 본인은 물론 온 가족의 식량 배급도 주지 않고 휴가도 못 받으며 락후분자로 등록되어 회의 때마다 비판 받게 되는 체계가 확고

하게 세워져 있기 때문이다.

의사인 경우 치료 사업에서는 큰 말썽이 제기되지 않으나 진단서 발급 문제는 항상 말썽을 일으킨다. 일하기 싫어하는 사람이나 개인 사정으로 시간이 필요한 사람, 또는 합법적으로 시간을 받을 수 있는 방법이 진단서를 떼는 방법 이외에는 없다. 더욱이 힘든 부서나 일하기 싫은 공장이나 광산에서 나올 수 있는 방법은 6개월 이상의 장기 진단서를 뗀 후 사회 보장으로만 나올 수 있고, 개인의 의도대로는 거의 나올 수 없다. 그러므로 의사는 치료에서보다는 진단서 발급에서 훨씬 큰 권한을 쓰게 된다.

이 진단서 문제로 적지 않은 의사들이 비판 무대에 오르거나 심하면 탄광, 광산 노동자로 쫓겨 가고, 보위부에 걸리면 정치범으로도 갈 수 있다. 일부의 미련한 의사들은 자그마한 뇌물에 눈이 어두워 망탕한(마구잡이로) 진단서를 떼 주고는 신세를 망치기도 한다.

어느 한 과에서 일어난 일이다.

"의사 선생님, 계속 병이 낫지 않고 아파서 일을 못하겠습니다. 진단서를 좀 더 떼어주시오."

30대의 남자가 하는 말이다.

"내가 이만한 병으로는 먼저 번에 떼어준 진단서보다 더 떼어줄 수 없습니다. 의사로서 무슨 병에는 얼마간의 진단서를 떼어줄 수 있다는 것이 거의 규정되어 있습니다. 내가 규정을 어기고 월권 행위를 하면 비판을 받거나 심하면 직권 남용의 죄명으로 감옥에도 갈 수 있습니다. 그리 아시오. 오늘부터는 진단서를 떼어 주지 못하겠습니다."

의사가 사리를 따지며 점잖게 타일렀다.

"의사 선생, 그렇게 규정대로만 하시는 분입니까? 내가 알건대 나보다 병이 심하지 않은 사람은 왜 나보다 더 오랫동안 진단을 떼 줍니까? 어째 책상을 뒤집어엎고 판을 벌려야 진단서를 떼어 줄 작정이오?"

남자가 본색을 드러낸다. 이에 격분한 의사가 말했다.

"젊은 놈이 이제야 본성을 드러냈구나. 네가 배짱이 있으면 어디 한 번 판을 벌려 보아라. 그렇지 않아도 너 같은 놈은 진단을 떼 주지도 말라고 너를 아는 사람들은 다 말하더라."

의사는 단단히 오금을 박는다.

"의사 선생님, 누가 한 번 이기나 두고 봅시다. 아마 오늘을 후회할 때가 있을 것인데 그때 가서야 정신이 들어도 번쩍 들 것이오."

남자는 말을 내뱉고 문을 깨어지라는 듯이 쾅하고 닫으며 나갔다. 바쁜 일과 때문에 이런 언쟁은 의사의 머릿속에서는 자취도 없이 사라졌다. 그런데 20여일이 지난 어느 날 오후 병원 당 비서가 찾기에 비서실에 올라가니 웬 사나이 두 명이 차갑고도 매서운 눈초리로 쏘아보면서 대번에 반말을 했다.

"가자."

그들은 곧바로 의사를 병원 밖으로 데리고 나와서 대기하던 군용 승용차에 태웠다. 십여 분이 지나자 사람들이 보기에도 무섭다고 하는 구역 보위부에 당도하였다. 그는 여기서 거의 한 달이나 비판서와 진술서를 번갈아 쓰면서 조사를 받은 후에야 자기가 무엇 때문에 여기에 잡혀왔는가를 알게 되었다.

그가 잡히게 된 것은 진단서를 떼어 달라고 싸움을 벌이던 놈이 치료실에 걸려 있는 김일성의 초상화가 새어나온 난방용 스팀에 의하여 쭈그러든 것을 보고 의사가 고의적으로 초상화를 쭈그러프렸다고 보위부에 밀고하였기 때문이라는 것이다. 그런데 문제는 밀고한 사실은 가짜든 진짜든 간에 보위부에 한 번 잡히는 날에는 억지로라도 죄를 만들어 일반 범죄자로 만들어 감옥에 보내는 것이다. 보위부에 잡혀 갔던 사람이 허위 신고를 한 것이 해명되어 무죄로 나가면 보위부가 죄 없는 사람도 망탕(마구잡이로) 잡아들이는 데라는 소리를 들을 수 있기 때문에 아무 것이라도 코에 걸어 감옥에 보내야 보위부의 위신을 세울 수 있다고 하기 때문이다.

이 의사도 자기가 지난 날 도덕적으로라도 잘못된 것이 있으면 비판하라고 하여 비판서를 쓴 혼외 애정 문제를 강간으로 꾸며 십년의 중형을 언도받고 감옥에 갔다. 선생의 부인이 길에서 만났던 나를 붙잡고 생사람을 잡아먹는 이런 생지옥에서 두 아이를 데리고 어떻게 하면 살아갈 수 있겠느냐고 눈물 흘리며 슬프게 원망하던 모습이 지금도 가슴을 쥐어뜯는 듯 아프다.

코피 터진 여자 의사

백사장의 모래가 넓게 펼쳐지고 그 위에는 해당화 꽃이 드문드문 붉게 피어 있는 바닷가 마을이다. 얼굴이 거무스레하고 물고기의 비린내를 풍기는 사나이들이 여기저기서 느릿느릿 움직이며 어부로서 해야 할 일들을 하고 있었다.

끝없이 푸른 동해의 물결이 잔잔한 파도를 백사장 위에 던질 때마다 규칙적인 소리가 들려오는데 갑자기 이십대의 젊은이가 숨이 턱에 닿아 달려 왔다. 사람들 무리에 뛰어 온 그는 숨이 어느 정도 가라앉자 키가 크고 깡마른 40대로 보이는 한 남자의 손을 덥석 잡더니 한쪽으로 끌고 가려 했다. 사람들에게 무슨 말인지 하고 있던 그 사나이는 젊은이가 잡은 손을 뿌리치며 고함을 질렀다.

"내가 작업 조직을 하는 것이 보이지 않니? 뚱딴지같이 무슨 놈의 장난이야?"

젊은이는 사나이의 욕설 비슷한 고함소리에도 아랑곳하지 않고 다시 그의 손을 잡고 한쪽으로 끌고 가려 했다. 사나이는 손을 뿌리치더니 이번에는 발로 젊은이의 엉덩이를 냅다 찼다. 항상 거친 파도와 함께 사자밥을 지고 산다는 어부들은 그 거칠고 우락부락한 성격 때문에 두 마디 안팎이면 '개새끼'가 아니면 목부터 틀어잡은 것이 일상의 언행이다.

"형님, 때리기는 왜 때려요? 형님 집에 큰일이 나서 형님께 알리려고 죽을지 살지 모르고 뛰어 왔는데."

젊은이가 아쉬운 듯 말했다.

"우리 집에는 사람도 없는데 무슨 놈의 큰일이야? 거짓말하지 말고 할 말이 있으면 여기서 빨리 해라."

키가 큰 남자의 말이 끝나자 젊은이가 말했다.

"형님, 내가 진료소에 갔는데 형님의 아주머니가 관리위원장의 바지와 팬티까지도 벗기고 앉아서 관리 위원장을 세워놓고 두 손으로 관리위원장의 거시기 불알을 만져 보고 있다는 말이오."

젊은이의 말소리가 끝나자 여기저기서 "야" 하는 소리와 박장대소 하는 웃음소리가 백사장 마을에 퍼져간다. 키가 큰 사나이의 얼굴이 수수떡같이 벌겋게 되더니 동시에 커다란 그의 주먹은 젊은이의 얼굴에 날아가 단번에 시뻘건 코피가 흐르고 장화신은 그의 발은 젊은이의 배를 걷어차 거꾸러뜨렸다.

"개 같은 새끼가 말 같지도 않은 소리를 아무데서나 해?"말과 함께 다시 날아오는 그의 발길을 피하며 젊은이가 아예 있는 목청을 다하여 소리쳤다.

"형님 나를 때렸소? 형님 아주머니가 관리위원장 것을 두 손으로 쥐고 만진 것이 사실인데 때리기는 왜 때리오?"

박장대소도 멎어 버리고 사람들마다 수군거리는데 키 큰 사나이는 젊은이를 더 보지도 않고 집으로 천천히 걸어갔다. 마음 같아서는 뛰어 가보고 싶었으나 자기의 뒤를 좇는 사람들의 시선을 느끼는 지라 이를 악물고 주먹을 쥐고 천천히 집으로 갔다. 집에 가서 방문을 열고 들어가니 점심상이 차려져 있고 진료소에서 의사로 일하는 그의 아내는 새파랗게 질린 얼굴로 방안에 서서 그를 맞이했다.

한 마디의 말도 없이 장화를 신은 그대로 방안에 들어선 그는 밥상을 걷어차고 주먹으로 아내의 얼굴과 가슴을 가차 없이 때리고 찼다. 아수라장이 된 방안에 그대로 주저앉은 그의 아내는 흐르는 코피를 손으로 닦으며 날아오려는 듯한 남편의 한쪽 발을 한 손으로 끌어안았다. 열려진 방문으로 인기척도 없이 두 남자가 들어섰다.

"어로장, 집사람의 말이나 먼저 들어 봅시다. 무슨 사연인지 우선 알아야 될 것 아니겠습니까?"

어로장은 사람들 앞인지라 더는 아내를 때리지 않고 말했다.

"처음부터 말해 봐라. 사람이 살다가 바닷물에 빠져 죽으면 죽었지 이렇게까지 온 동네에서 망신당하고서야 어떻게 살겠니?"

그의 말이 끝남과 동시에 진료소 여의사가 코피가 묻은 얼굴이지만 아무런 주저 없이 남편과 사람들을 번갈아 보며 말하기 시작했다.

"관리위원장은 부고환 결핵 환자입니다. 사람들이 알까 봐 치료하는 것도 남모르게 치료를 하였고 주사 맞는 것도 진료소가 아니라 위원장 아주머니가 자기 집에서 직접 놓아 주었습니다. 위원장이 오늘 환부가 아프다고 하면서 병이 더 심하여 지지는 않았는가 하고 알자고 하여 내가 체온도 재보고 맥박도 잰 후 거기를 만져 보았습니다. 만져 보면 입쌀알 만한 크기의 결핵 결절이 만져지는데 만져 보지 않고는 환부의 변화를 알아낼 도리가 없습니다. 위원장의 아주머니도 만나고 군병원 결핵과에도 알아 보면 모든 일이 다 밝혀질 것입니다. 맑은 하늘에 벼락이라더니 이 일을 어떻게 하면 되겠습니까?"

울음 섞인 그녀의 하소연이다.

"야 이 화냥년아! 그런 환자를 진찰하겠으면 문이나 걸고 하던지, 아니면 위원장의 부인을 입회시키던지 해야지, 다른 사람들이 관리위원장을 진찰하는지, 바람을 피우는지 어떻게 알겠니? 네가 말한 대로라면 아무 잘못도 없는데 그렇다면 오늘부터 우리 동네 돌아다니면서 모든 사람들에게 다 알도록 설명을 해 주어라. 내가 무슨 낯으로 이 동네에서 살아가겠니? 야 이 바보 같은 년아, 그 정신병자 같은 놈을 붙잡아서 왜 말을 하지 못하게 하던가, 설명이라도 해주었더라면 이런 망신이야 피할 수도 있지 않았니? 그놈의 새끼를 입이라도 찢어 놓고 싶지만 사실이 그런데 어떻게 그렇게 할 수가 있겠니?"

어로장은 말을 끝내고 부엌으로 나가더니 술 한 병을 그대로 서서 마셨다. 방 안에 들어 왔던 두 사나이는 어로장을 위안하며 말했다.

"큰일도 아닌데 어로장이 큰마음을 먹고 몰랐던 것으로 해 주오. 처녀도 아이를 낳고 눈 하나 깜짝이지 않는데 그게 무슨 큰일이오. 남의 소리가 길어야 삼일이라고."

"남의 소리이니 말하기는 쉽지만 당신네가 당하고 보면 나보다는 더 망신스럽다고 여길 것이오."

말을 마치는 그는 이미 취기가 돌아 몸을 비틀거리며 방안으로 들어가 장화 신은 그대로 큰 대자로 누워버렸다.

그 이후 그들 부부는 때때로 이 일로 하여 수 년 간이나 언쟁을 계속하였고 여의사는 끝내는 다른 진료소로 자청하여 조동하여 갔다.

인생이란 항상 그런 법인지 부부간에 화목하고 정이 깊어 살만하다고 할 때 여의사는 유방암으로 세상을 떠나 자기 집이 바라보이는 바닷가의 야산에 묻혔다. 아내의 묘지 앞으로 난 길을 지날 때마다 그 남편은 자기가 왜 아내를 때렸는지 후회된다고 하면서 자식들 앞에서는 아버지가 잘못했다고 때때로 빌기도 했다.

여학생의 급사(急死)

유난히 맑고 따스한 봄날 푸른 하늘을 날아가는 흰 구름이 어찌
나 잘 어울리는지 굶주리고 허약한 나였지만 봄날을 관망하느라
우두커니 서 있었다. 그때 덜커덕거리고 목탄 냄새를 풍기며 낡은
화물자동차가 병원 구내에 천천히 들어서더니 멎었다. 거기에서
한 무리의 사람들이 무엇인가 들어 있는 보따리들을 들고 내려서
그대로 서 있고 한 남자가 나에게 다가와 말하면서 자기가 앞장선
다.

"사체실로 가봅시다. 어제 사망한 단과대학 여학생 시체를 가져
가려고 왔습니다."

나는 환자 운반용 담가를 들고 그들의 뒤를 따라가 음침하고 스
산한 사체실의 문을 열었다. 시멘트로 된 1미터 높이의 단 위에는
몇 구의 사체가 백포에 가려져 있었고 몇 구의 시체는 시멘트 바닥
에 그대로 놓여 있었다. 자동차에서 내렸던 사람들 속에서 계란형
의 말쑥한 얼굴에 곱게 생긴 눈을 가진 여인이 앞으로 나오더니 백

포로 가린 사체의 얼굴을 하나하나씩 차례로 살펴보았다. 그러더니 한 사체의 얼굴을 두 손으로 만지더니 급기야는 거기에 엎드려 소리 없이 흐느껴 울었다.

"열아홉 살 너를 어떻게 땅에 묻겠니? 내가 나쁜 짓을 하지도 않았는데 무엇 때문에 이런 원한을 나에게 준단 말이냐. 어떻게 너를 땅에 묻고 내가 살아가겠니?"

여인은 흐느끼며 넋두리를 했다. 한 남자가 그녀를 붙잡고 밖으로 나가면서 사람들에게 눈짓을 했다. 내가 다가서서 살펴보니 희고도 말쑥한 소녀의 모습이 얼마나 예쁜지 직업적으로 사람의 죽음에 대해서 거의 무감각하던 나였지만 넋두리하던 여인의 말대로 땅에 묻어야 된다고 생각하니 너무나 애처롭고 아쉽다는 생각이 저도 모르게 났다. 사람들이 그 처녀의 시신을 담가에 들고 가는 뒤로 따라가면서 처녀가 왜 죽었는가를 물었다.

"단과대학에 다니는 학생인데 대학에서 식량에 보태려고 학생들에게 칡뿌리를 캐어오라고 조직하였답니다. 말이 대학생이지 20살도 안 된 아이들이라 깊은 산에서 헤매다가 벼랑에서 떨어져 죽은 것입니다. 아버지도 없이 어머니 혼자 외동딸로 키웠는데 저렇게 되었으니 우리도 가슴이 아파 견디기가 힘들구만요."

나와 함께 걸어가던 남자가 알려 주었다.

"그래, 자동차가 있는 저기로는 가지 않고 어디로 가려고 합니까?"

내가 의아하여 물었다.

"여기 오기 전에 저 처녀의 어머니가 마지막으로 몸이나 씻어 주고 새 옷이나 갈아 입혀 보내겠다고 하여 미리 준비한 집으로 가는 것입니다. 오늘 좀 수고를 하여 주시오."

어색하고 미안하다는 표정을 지으며 그가 나에게 말했다.

십여 분 정도 걸어가서 어느 한 집안으로 담가를 들고 들어갔다. 내가 따라 들어갔다.

40대 중반인 처녀의 어머니는 젊은 시절에는 퍽이나 미인이라는 칭찬을 들었으리라 느껴졌다. 여인이 사람들을 보고 모두 방안으로 들어가라고 하고 나와 단둘이 부엌에 남았다.

"딸애가 열아홉 살 숫처녀인데, 다른 사람들에게는 보이기가 민망하여 힘들어도 선생님 혼자서 하여 주시오."

여인은 말도 알아듣기가 힘들게 흐느끼며 조용히 부탁했다.

"칡뿌리 몇 킬로 때문에 꽃 같은 저 애를 생죽음 시켰으니 이 원한을 어디에 말하겠소? 죄지은 것도 없는 나에게 이렇게도 지독한 천벌을 내리니 내가 백 번 죽어 지당한 년이지요."

흐느끼며 그녀가 하는 하소연에 나도 모르게 눈물이 고였다. 내가 처녀의 옷을 천천히 벗기는 것을 그녀는 그래도 떨리는 손으로나마 거들어 주었다. 그녀는 아름다운 모습대로 마음씨도 착한지 말 한 마디를 하여도 부드럽고 조용조용하게 하였다. 옷을 다 벗기고 나자 희고 생기가 있는 열아홉 살 처녀의 몸이 반듯이 누워 마치 나를 보는 것만 같아 나도 살아 있는 사람인 것처럼 부끄러운 마음까지 들었다.

어머니는 데워 놓은 물을 대야에 담아 죽은 딸의 머리를 감기고 얼굴을 정성스레 오래오래 천천히 씻어 주었다. 마치 살아 있는 사람을 쓰다듬어 주는 것처럼 딸애의 얼굴을 씻어 주며 애무하는 모습은 보는 사람의 가슴을 찢어내는 듯하였다. 얼굴을 더 씻을 수 없을 만큼 시간을 보내고 나서 그녀가 말했다.

　"아무리 내 딸이라 해도 가슴만은 내가 손을 대지 못하겠습니다. 선생이 하여 주시오."

　여인은 나에게 수건을 내밀었다. 나도 어머니가 보는 앞에서 희고도 팽팽한 처녀의 가슴을 씻어주자니 손이 떨리고 낯이 뜨거워졌다. 몸을 다 씻고 사체 처리를 하느라 죽은 그녀의 눈, 코, 귀를 솜으로 막고 마지막 식량이라면서 쌀 한 줌을 그녀의 입안에 넣어 주었다. 마지막으로 둔부를 처리하고 처녀의 가장 소중하다고 하는 곳에 솜을 막으려고 하자 나를 지켜보던 그녀가 나의 손을 잡으며 말했다.

　"선생님, 딸애의 그곳을 꼭 솜으로 막아야 된다는 법이야 없지 않소? 부끄러운 말인데 그 애는 숫처녀로 땅에 묻혀야 되니 어머니로서는 두 번 죽인다는 생각이 들어서 하는 말입니다."

　그녀는 슬픔에 찬 눈으로 나를 쳐다보면서 무언의 질문을 던졌다. 나도 그녀의 마음을 알아차리고 그녀의 소원대로 들고 있던 솜과 핀셋을 치웠다. 그녀는 모든 옷을 새 것으로 입히는데 그 새 옷마다에는 그녀의 눈물이 흘러 내려 새로운 꽃무늬인양 얼룩진 자국을 남겼다. 사체의 모든 처리가 끝나고 나서 그녀는 딸애를 방안에 눕혀 놓고 우리의 대대손손 풍습을 무시하고 손수 제사상을 차려 주었다.

그녀는 누워 있는 시신과 제사상에 놓은 딸애의 사진을 번갈아 보면서 울지도 못하고 흐느끼기만 하였다. 20여 분의 시간이 지나자 그녀는 함께 왔던 여인에게 눈짓을 하였다. 그러자 함께 왔던 여인이 미리 준비해 두었던 꾸러미를 나에게 내어 주면서 말했다.

"오늘 대단히 수고하시었는데 집에 가서 아이들과 함께 잡수시오."

그렇게도 가슴 아프고 뼈저린 슬픔 속에서도 예의를 지켜 주던 그 슬픔에 차고 아름답던 그녀의 모습은 십여 년이 지난 오늘 지금도 나를 이상야릇하고 말 못할 감정의 세계에 잠기게 한다.

샤워 뒤끝에

5층짜리의 길고 긴 아파트의 2층의 단칸방 안에서 초저녁 햇빛이 아직도 밝은데 30대의 남녀가 죽기내기로 난투를 벌이며 간간이 목청을 돋궈 소리까지 질렀다.

"야 이 미친년아, 네 말대로라면 살을 섞어 본 적이 없다는 남자가 어떻게 허벅지에 있는 기미가 얼마나 큰가하는 것을 알 수 있다는 말이야? 살을 섞은 적이 없다고 하는데 그러면 네가 팬티를 벗고 기미만 보여 주었단 말이야? 어디 한 번 내가 믿을 만하게 좀 말해 봐라."

"여보, 정말 나는 그 사람을 만난 적도 없고, 손 한 번 쥐어 보지도 못했소."

거의 애원하듯이 울면서 여인이 대답했다. 그의 말에 독같이 성이 난 남편이 또 다시 언성을 높였다.

"이제 보니 네 년이 보통 년이 아니구나. 오늘 너 죽고 내 죽고 끝을 내자."

말이 끝나자 그의 우악스러운 손이 그녀의 머리채를 휘어잡고 머리를 방바닥에 깨지라는 듯이 쪼아대고 한 손으로는 옆구리며 잔등을 무지하게 때렸다.

"그런 짓을 한 일이 없다는데도 생사람을 죽일 작정이오? 죽으면 죽었지 없는 거짓말을 꾸며 매 맞는 것을 모면하려는 내가 아니오. 죽이겠으면 빨리 죽이고 마시오."

여인은 아무런 반항도 하지 않고 남편이 하는 대로 몸을 내맡겼다.

"이년이 완전히 환장을 했구나. 그래, 내가 꾸며내어 말한다는 말이야? 그 사람이 밝은 대낮에 맑은 정신으로 나보고 '너의 처는 허벅지에 시커먼 큰 기미가 있더구나.' 한 자도 틀림없이 이렇게 나보고 말했는데 그래, 너한테 기미가 있는 것을 그 사람이 보지 않았다면 네가 말이라도 해 주었니? 그 사람이 어떻게 보지도 듣지도 못하고 그렇게 말할 수 있니? 정말 오늘 죽지 않으려면 사실 그대로 말해라."

미친 듯이 소리를 지르며 아예 죽일 잡도리로 발과 주먹으로 그녀의 온 몸을 사정없이 몰매를 들이댔다. 죽기내기로 때리는 남편의 매질에 그녀는 아무 잘못 없이 죽거나 병신이 될 수 있다는 생각에 있는 힘껏 소리쳤다.

"사람 살려요, 사람을 죽여요."

그녀의 비명에 가까운 소름끼치는 소리에 옆집의 내외가 들어왔다. 아까부터 소란스러워 싸움을 말리려 했지만 부부 싸움이라 말리기도 어색하여 참고 있다가 살인이라도 날 것만 같아 할 수 없이 들어 왔던 것이다.

"여보시오, 그래, 이 아파트에 당신네 부부만 살고 있소? 부끄러운 것도 알고 옆집에 미안할 줄도 알고 살아야지 이렇게 하면 되오?"

말을 끝내면서 방금 들어온 사나이가 남편의 두 손을 꽉 잡고 마주섰다. 여인은 방바닥에 매를 맞고 엎드려 있는 주인집 여자를 일으켜 앉혔다.

"남자들끼리 한 번 알면 안 되겠소. 도대체 무엇 때문에 사람을 죽인다 살린다 야단이오?"

"정 알고 싶으면 내 말을 듣고 당신이 한 번 대답해 보시오. 저년이 허벅지 깊은 곳에 동전만한 기미가 있소. 그런데 오늘 내가 아는 사람이 나에게 '네 처는 허벅지에 동전만 한 기미가 있더구나.' 하는 게 아니겠소? 당신이면 남의 여편네의 것을 이렇게 본 듯이 말하는데 어떻게 생각하오? 당신이 한 번 대답해 보오."

남편은 너무나도 어처구니가 없다는 듯이 말했다.

"당신의 말대로 보지 않고 알 수야 없겠지. 그렇다고 자기의 처를 저 지경으로 때려서야 되겠소? 보아하니 당신도 젊은 혈기 때문인지는 모르겠으나 사리에 맞는 것 같지는 않소. 사정이 이 지경까지 왔으니 오해를 풀어야지 앞으로 계속 가정불화가 있을 것은 뻔하오. 사람을 보내서라도 그 사람을 데려와 깨끗이 알아보고 끝을 보면 좋겠소."

그때 매를 맞아 얼굴이 붓고 피가 묻은 여인을 수건으로 닦아 주던 옆집 여인이 일어나면서 자기가 그 사람의 집을 알고 있으니 데려오겠다면서 나갔다.

"부끄러운 짓을 해서 미안한데 더는 소문이 나지 않게 오늘 일을 모르는 체 해주시오. 소란스럽게 떠들어서 미안합니다."

성이 좀 가라앉은 듯 주인이 듣기 좋게 사죄했다. 아무 말 없이 세 사람이 앉아 있는데 나갔던 여인과 한 남자가 들어왔다. 방안에 들어서기가 바쁘게 방금 들어온 남자가 언성을 높였다.

"야 이 바보 같은 놈아, 내가 네 처와 바람을 피웠으면 그래, 너에게 말할 그런 바보이고 또 내가 너의 처와 살을 섞을 사람으로까지 밖에는 보지 않았다는 말이야? 너 오늘 나한테 죽고 싶으냐? 야 이 미친놈아, 어저께 너의 처와 우리 집사람이 샤워를 하고 와서는 나한테 네 처의 기미를 말해 주기에 너를 놀려 주려고 한 소리인데 너는 생각도 없이 나를 아예 나쁜 놈으로 알고 있었으니 이제 내 앞에서 어떻게 변명하겠니?"

들어온 사나이는 정말로 성이 나서 붉으락푸르락 야단이었다. 이 말을 듣고는 옆집 사람은 입을 싸쥐고 웃었다. 아내를 죽어라고 때리던 남편은 어안이 벙벙해서 어찌할 바를 모르고 입만 크게 벌리고 한참이나 서 있다가 정신이 든 듯이 갑자기 자기의 아내를 끌어안으며 말했다.

"여보, 내가 잘못했으니 용서해 주오."

투박한 한 마디의 말로나마 진심으로 용서를 빌었다. 그제야 실컷 매 맞은 아내가 남편을 주먹으로 때리며 소리 내어 울었다.

"이런 곰보다 미련한 사람과 어떻게 살지 막막하구만."

아내는 혼자 말처럼 되뇌었다. 남편은 아내가 때리는 매에는 전혀 무관심하고 단지 아내를 안고 잔등만 쓸어 주었다.

"우리 아내의 말을 옮겨 싸움을 시킨 나도 한심하지만 자기 처를 무작정 때린 너는 완전한 바보짓을 했다. 사람이 살다가 이런 일이 있을 수 있다는 것은 꿈에도 생각해 본 적이 없다. 이 미친놈아, 네가 오늘 세 사람 앞에 죄를 짓고 또 집안의 화목도 다시 찾았으니 사죄도 할 겸 술이나 내라."

결국 이 어처구니없는 일에 대해 그들은 화해를 했다. 자정이 가까울 무렵에야 얼굴이 퉁퉁 부어오른 여인과 부끄러워 어쩔 줄 모르는 주인의 바램을 받으며 손님들이 돌아갔다.

죽은 사람의 눈까지도 빼가는 세상

산골이지만 발 앞에 푸른 바다가 있고 바닷가이지만 뒤에는 푸른 산들이 솟아 있는 마을이다. 열댓 되는 사내아이가 숨이 차 헐떡거리며 자기의 아버지가 당장 죽을 것 같으니 어머니가 의사 선생을 데리고 오라고 하여 왔다는 것이다. 나는 죽는 사람이 있다는 말을 듣고 부랴부랴 그 애와 함께 달려갔다. 그 애의 집에 들어가 보니 대여섯 명이나 되는 남녀가 한담을 주고받으며 천연스레 누워 있는 사람의 옆에 앉아 있었다. 부엌 아궁이에서는 오십 대 중반의 뚱뚱하고 어수룩한 얼굴을 한 여인이 먹을 음식들을 하느라고 지지고 볶고 있었다.

누워 있는 사람의 팔목을 잡고 맥박을 재어 보니 거미줄 같이 약하여 끊어질락 말락 했다.

안검반사(眼瞼反射)를 검사하여 보니 무의식 상태였다. 무슨 환자이냐고 내가 물었다.

"신장염으로 병원에 입원하였다가 가망이 없다면서 집에 가라고 하여 아침에 왔습니다. 내일이 저 영감의 환갑날이고 그 다음 날은 셋째 딸의 결혼 잔치를 하는 날입니다. 오늘은 넘기고 내일 환갑상이나 차려 주자고 하는 것입니다."

부엌에서 하는 대답이다. 나는 할 수 있는 것이 전혀 없으므로 강심제 주사를 놓아주었다. 그리고 남녀들의 한담에 귀를 기울이고 참견하였다.

"나는 주석부에서 일합니다. 알고 있는지 모르겠지만 주석부의 주요 사업의 하나가 수령님의 만년 장수를 위한 사업입니다. 어떤 환경이나 식품이 장수하는데 제일 좋은가 하는 것을 전문으로 연구하고 도입하는 사업입니다. 우리는 모두가 대학생들이고 많은 사람들은 외국까지 가서 배워 오고 알아보고 온 사람입니다. 누구도 주석부 사람들만은 건드릴 수 없습니다. 나도 군당이나 시당 같은데 가면 책임비서 외에는 누구도 상대하지 않습니다."

양복을 멋지게 차려입은 남자가 자랑과 거만을 합하여 나에게 으스대는 것이었다.

"야, 그 닭을 가져와 보라."

그가 소리쳤다. 조금 지나 나를 데리러 왔던 남자애가 커다란 닭 한 마리를 들여왔다.

"이 닭이 다섯 킬로가 더 됩니다. 이런 닭을 본 적이 있습니까? 우리 주석부 사람들에게만 공급하는 닭입니다."

그는 촌뜨기 같은 내 앞에서 자랑을 하는데 신이 났던 것이다. 나도 깜짝 놀랐다.

"정말 말을 듣고 보니 대단하십니다."

나는 속으로 '바보 같은 놈 엿이나 먹어라' 하면서도 어떻게 노는가 보자고 추켜올렸다. 그러다 환자의 생각이 떠올라 돌아 앉아 눈을 살펴보았다.

눈동자가 산대(散大)되었다. 급히 나는 솜을 꺼내 코와 입 앞에 드리웠으나 가는 솜을 움직이지 않았고 아래의 손을 넣으니 소변으로 젖어 있었다. 청진기로 가슴을 진찰하니 심장이 뛰는 소리도 숨 쉬는 소리도 들리지 않았다.

"사망하였습니다."

나의 말에 앉아 있던 사람들은 벌떡 일어섰고 부엌에서 일하던 여인은 뛰어 올라와 시신 위에 엎드리며 울부짖었다.

"아니 이렇게 죽으면 나는 어떻게 하라고 죽는다는 말이오?"

거의 광적인 상태에서 소리치고 시신을 때리고 부여잡고 야단을 쳤다. 나는 직감적으로 심장이 멎을 수도 있다고 생각하고 그녀를 시신에서 떼어 내어 방에 반듯이 눕히고 맥박을 쥐어 보았다. 아니나 다를까 급격하게 심장박동이 불규칙적으로 뛰더니 불과 4~5분 후에 그녀의 심장이 더 박동을 알리지 않았다. 급히 청진기로 심음(心音)을 들으려고 가슴에 대었으나 심장이 뛰는 소리는 없었다.

나는 포도당과 스트로판틴(strophanthin) K3를 혼합하여 동맥에 주사를 하려 했으나 맏딸이 눈치를 채고 어머니에게 마구잡이로 엎드리며 통곡하는 바람에 하지 못하였다. 간단한 검사를 하여 사망하였다는 것을 가족들에게 알렸다.

불과 십분 사이에 양부모가 세상을 떠나자 맏딸이 너무도 억이 막혀 어머니의 시신을 붙잡고 미친 듯이 발광하였다. 그녀의 손목에서 또다시 불규칙한 심박동을 촉진하자 하는 수 없이 대량의 진정제로 수면 상태에 빠뜨렸다. 이어 나는 가까운 병원에 전화를 걸어 지원 의사를 요구하여 함께 그 가족들의 차후 대책을 세웠다.

　두 시간이 지난 후 그 집에 장가를 간다는 직장의 지배인과 삼촌이 된다는 사람을 데려 와 가족회의를 열었다.

　"내가 살아오다가 이런 일은 처음입니다. 삼촌께서 주관하시어 의견을 주십시오."

　지배인이라는 뚱뚱한 남자가 점잖게 말하였다. 그러자 삼촌이 말했다.

　"지금이야 어디 삼촌이 주관할 형편이 됩니까? 내야 고기잡이나 하는 어로공이니 그래도 지배인께서 주관하시는 것이 지당하다고 생각되어 모든 일을 지배인이 하자는 대로 하겠습니다."

　"이런 일을 당하고 보니 내 처사가 마음에 들지 않더라도 삼촌이 나에게 모든 일을 맡기는 이상 내가 하라는 대로 하시오. 삼일장이 아니라 내일 2일 장례를 하고 그 다음날 결혼식을 합시다. 지배인이 한 집 일 때문에 며칠씩 제 일을 하지 못하면 나도 난처하고 경제적으로도 결혼식 준비를 다시 하자면 힘이 들 것 같구만. 그래, 당사자가 이틀 후에 결혼식을 하겠는데 반대하지는 않겠소?"

　지배인은 말을 하며 울고 있는 셋째 딸의 어깨를 두드렸다.

　"저는 어른들이 하라는 대로 따라 하겠습니다."

그 말을 들으며 나는 '세상 일이란 아무리 부모자식 간이라 해도 자기부터 생각하는구나' 하는 생각에 마음이 어쩐지 쓸쓸해졌다.

"내일 맏딸과 막내아들은 시내에 가서 어머니가 잔치에 쓸 돈을 맡겨 두었다는 소리를 하였는데 그 돈을 찾고 옷을 시킨 것도 찾고 음식을 해 달라고 맡긴 것들을 다 찾아오너라."

삼촌이 말했다. 그 다음날 그들은 돈이며 옷, 음식 맡긴 것을 찾으러 갔으나 맡겨 놓은 당사자가 죽었다는 소문을 들은 그 사람들은 아예 시치미를 떼고 말았다. 그들이 집에 와 차용증 비슷한 것이라도 없느냐고 온 집안을 발칵 뒤집었으나 아무 데도 그런 것은 없었다. 이를 지켜보던 삼촌이 한숨 섞인 원망을 하였다.

"산 눈을 빼간다더니 이제는 죽은 사람의 눈까지도 빼가는 세상이 됐구나."

하는 수 없이 그들은 장례는 그대로 하고 결혼식은 이틀 후에 하였다.

"보기에는 부부가 한 날 한 시에 죽은 것이 큰 화를 당한 것 같지만 사실인즉 얼마나 복이 많은 사람들이오? 나도 죽을 때에는 저렇게만 되었으면 좋겠소. 죽은 사람들은 죽은 대로 마음의 고통이 없어 좋고 산 사람들은 경제적으로 얼마나 합리적이오. 한 번의 가정 대사에 두 번 부조를 받았으니 퍽이나 도움이 되었을 것이오."

지배인이 혼잣말도 아니고 다른 사람이 특별히 알아들으라는 말도 아닌 말을 하였다. 인간 도리 청산야라 하면서 살아서는 걱정도 많고 근심도 많지만 죽어서 묻힐 걱정은 하지 않아도 된다고 하던 장례식에 왔던 한 어른의 말은 내일보다는 오늘이 더 중요하다는 뜻이어서 항상 나에게 현실에서 살아야 된다고 일러 주는 것만 같이 생각된다.

풍지박살 난 책임 검사

으리으리하다고 할 만치 좋은 소파를 갖춘 널따란 안전부장의 방에서 두 여인과 한 남자가 김일성의 초상화를 쳐다보면서 눈물을 글썽이며 감사를 드리고 있다. 그 옆에 안전부장과 정리부장이 정중한 자세로 서 있고 정리부장이 엄숙한 표정으로 마치 무슨 선언을 하듯이 말했다.

"수령님의 배려에 의해 십 년 넘도록 감옥에서 생활하던 김연옥 씨는 오늘부터 공화국 공인의 영예를 다시 찾았습니다. 당신은 대대손손 오늘의 이 배려를 잊지 말고 충성으로 보답해야 합니다. 위대한 수령님께 감사의 인사를 합시다."

그의 말과 함께 다섯 사람이 천천히 그리고 정중히 초상화를 보면서 고개 숙여 인사를 했다. 일인즉 이러하였다.

꽤나 큰 식품상점 점장이었던 그녀는 오랫동안 일하는 과정에 손쉽게 돈을 벌 수 있는 방법을 발견했다. 사람마다 양을 정하여 공급되는 시름이나 옷감 같은 것을 미처 사가지 못한 사람들의 이름으로 많이 사서 다른 사람을 시켜 시장에 내가 다섯 배에서 열 배까지 돈을 받고 팔아 돈을 버는 것이었다. 장부나 문건이 얼마나 세심하고 꼼꼼하게 잘되었는지 여러 차례의 검열이 있었으나 무사히 넘겼다. 틀림없이 점장이 나쁜 짓으로 돈을 번다고 확신한 박검사는 연옥이를 검찰에 불러 엄포를 놓았다.

"여태까지는 문서나 장부로 검사하는 것으로 그쳐 증거를 발견 못했지만 내일 오후에는 가택 수색을 하겠소. 만약 가택 수색에서도 증거가 없으면 우리가 오해를 한 것으로 하고 다시는 부르지 않겠소. 그럼 돌아가시오."

검찰은 그녀를 보냈다. 그러나 검찰의 수법에 그녀가 걸려들었다. 검사는 미리 그녀의 옆집에 말하여 지붕 밑에서 연옥이가 집안에서 증거를 없애려고 하는 모든 행동을 지켜보고 사진까지도 찍을 수 있게 조직하고 감시하고 있었던 것이다. 그녀의 집이 비어 있는 사이에 그녀의 집 천정 위에 감시하는 사람이 누울 자리를 만들고 작은 감시 구멍까지 내어 놓은 것을 그녀가 알 리가 없었다.

그녀는 검찰에서 돌아오자마자 안으로 문을 잠그고 부엌 밑에 만들어 놓은 비밀 창고에서 감추었던 옷감, 기름 등 값이 가는 물건을 꺼내 다른 곳에 옮기는 것을 천정에서 모두 보면서 사진까지 찍은 줄은 감히 상상도 못했다. 그녀가 감추었던 물건을 꺼내게끔 우선 그녀에게 가택 수색을 한다는 말을 했던 것이다.

다음날 검찰에서 그녀의 집에 와서 부엌 밑의 비밀 창고에서 물건을 꺼내는 것을 찍은 사진을 보여 주자 그녀는 더는 버티지 않고 장부를 꺼내 놓고 범죄를 인정하였다. 그녀는 징역 10년의 중형을 언도 받고 감옥에 갔다.

전문학교 교장이던 그녀의 남편도 자기가 알고 있는 모든 인맥의 사람을 다 동원했지만 그녀의 감옥행은 막을 수는 없었다. 할수 없이 그는 교원을 하는 딸에게 주석 앞으로 친서를 쓰는 방법을 알려 주고 도내를 벗어나 다른 도에 가서 청원의 편지를 올리게 했다. 이것이 적중했다. 김 주석의 부관이 이 편지에서 주석의 은덕에 대해 얼마나 감지덕지하여 구구절절하게 칭찬하고 또 하면서 구원의 은혜를 베풀어 달라고 애원하였는가를 읽어 보고는 무죄 석방시키라고 했다.

절대적인 법이라는 것은 김 주석의 말뿐이었으므로 그녀는 무죄로 석방되어 안전부장의 방에서 감사의 인사를 하게 되었던 것이다. 이곳에서 패자의 운명이란 너무나도 불행하였다.

그녀를 잡아넣었던 박 검사는 "사건 날조"의 죄명으로 출당을 당하고 철직되어 광산에 쫓겨 갔다. 한때는 술에 취해 백주에 대도로 목판에서 비틀거리던 그를 보다 못한 친구가 그를 비난하자 위세를 부렸던 그였다.

"야! 어제까지는 네 친구였지만 오늘부터는 아니다. 나는 검사라는 말이다. 너도 한 자리를 한다고 으스대는데 이 같은 것도 내 손안에 걸리면 감옥이다, 알겠니? 건방진 녀석."

그녀의 어머니가 교통 안전원에게 단속되자 콧대가 높고 거만하여 화제가 되기도 했다.

"내가 누군지 알고 잡았소? 내 아들이 검찰소 박 검사요."

박 검사가 김 주석의 말 한 마디에 천길 나락에 곤두박질쳤다. 천성적으로 악당인 이 사람이 가만히 있을 리가 없었다. 안전원으로 있는 형과 대의원인 아버지 친구의 도움까지 받아가면서 그녀를 평양에 가서 넉 달이나 찾았다. "사건 날조"로 출당 철직된 그를 아무데서도 반겨주지 않았고 냉대와 조소만 할 뿐이었다. 그러다 그는 지도자로 불리는 사람의 운전기사를 만날 수 있었고 그 만남에서 식품점장이 과거 일본군 장교의 집에서 가정부로 있을 때 가졌던 군복을 증거로 두면서 이렇게 말하였다.

"기본 계급 출신이라도 먼저 번 사건 취급 때는 정치적 문제는 제기하지 않았는데 그녀는 계급적 관점에서 친일 반동분자입니다. 증거로 이것입니다."

이렇게 하여 타고난 이 악당은 복당 복직하는 영예를 되찾았고, 김연옥 씨 일가는 다시 정치범 관리소로 가게 되었다. 김 주석의 배려로 무죄로 되었고 그 아들에 의해 정치범으로 되고 주석의 말 한 마디로 검사가 해임 정직되고 주석의 아들의 말 한 마디에 복당 복직되었다. 많은 사람들은 노골적으로 말한다.

"무슨 놈의 세상이 이런지 이 세상에서 누구도 이것을 보지 않았으면 믿지 못할 것이다. 정말로 개판이다."

거들먹거리며 위세를 뽐내고 자랑하던 박 검사는 이제는 경험까지 쌓고 보니 배짱도 더 커졌다. 그는 누구도 손을 못 대는 실력자의 힘을 배경으로 벼락 승진하려고 이를 사려 물고 덤벼들었다.

"아니 그놈이 건방지게 내 뒤를 알아본다는 말이야? 당장 농장원으로 내쫓아 버리시오."

누구도 거역 못할 시군에서 제왕노릇을 하던 책임비서의 엄명이었다.

"무슨 자료가 있어야 될 것 아니겠습니까?"

조직부 간부가 말하자 책임비서가 언성을 높였다.

"자료 잡은 것은 수집하면 되고 부족하면 보충도 할 수 있지 않소? 당신네 간부과에서 간부로 등용할 때는 일을 잘했다고 굉장히 부풀려 만들지 않소? 철직 해임도 같다고 생각하는데 그놈이 복직할 때 내가 사인을 했는데, 세상에 나쁜 놈의 새끼구만. 이번에는 평양을 조사하고 시내에도 오지 못하게 아예 백리도 더 되는 곳에 보내고 담당 안전원에게도 일거수일투족을 감시하게 하시오. 조금만 나쁜 짓 하면 아예 짓뭉개버리시오. 그리고 내일 당장 그 자식을 데려 오시오. 내가 한 번은 만나 보아야 되겠소."

다음날 오후 삼십대 중반의 새까만 양복으로 정장 차림을 한 검사가 번쩍거리는 가방을 안고 책임비서실에 들어서며 고개만 숙여 인사했다.

"왔구만! 요즘은 일이 잘 되오? 몹시 바쁘지는 않소?"

뚱뚱한 책임비서가 검사보고 말했다. 검사는 그의 말에 적이 당황해 했다. 그런 중에도 '왜 불렀을까? 혹시나?' 하는 생각이 머리에 떠올랐다.

"듣자 하니 검사가 배짱이 보통을 넘는다고 하더구만. 배짱이 있어 나를 잡자고 한다던데 잘 되나? 자료 수집은 다 되었나?"

책임비서는 오히려 말하는 소리를 낮추며 검사를 조롱하였다.

"네까짓 놈이 무엇을 믿고 그런 엉뚱한 짓을 벌렸나?"

책임비서가 책상을 벼락 치듯 내려쳤다.

"야! 네가 수령님이 임명하신 책임비서들 목을 뗄 수 있다고 생각하니? 네가 중앙당에 하든 중앙 인민위원회에 하든 신소(申訴)를 하면 해당 시군에서 하라고 도루 내 손에 돌아오고 내가 처리한다. 이것이나 알고 있니?"

책임비서는 이제는 아예 야자로 말했다.

"그래, 사건을 한 번 뒤집어 복당 복직하더니 못해낼 것이 없을 것 같아? 네 재간 것 한 번 해 봐라! 이 건방지고 우둔한 놈아."

책임비서가 성이 나서 야단을 치면서 전화기를 들어 한 마디를 했다.

"검찰 소장실에 대라."

책임비서가 담배를 피우려는데 전화가 울렸다.

"여보! 검찰소장, 검찰에서 나를 잡겠다고 야단친다는데 당장 자료를 가지고 오시오. 당신처럼 모자라는 사람은 보다 처음이요. 그래, 당신 밑에서 일하는 검사가 책임비서를 잡겠다고 지랄인데 당신이 몰랐다고 하면 용서할 줄 아오? 나한테 와서 한 번 변명해 보시오."

책임비서가 전화기가 깨어지지 않나 생각할 정도로 쾅하고 놓았다.

"이제 가서 빨리 나를 잡는 일이나 해라."

책임비서가 검사를 내◎았다. 그렇게도 도도하고 건방지게 으스대던 검사도 '일이 잘못되었구나' 하는 생각을 하면서 사무실이고 뭐고 집어치우고 집에 가 술을 퍼마시고는 잠들었다. 그 후 그는 정말로 해임되어 백 리도 훨씬 넘는 산골에 벌목공으로 쫓겨 갔다. 그의 아내는 창피하다며 이혼하여 아예 가 버리고 안전원이라고 늘 콧대를 높이던 그의 형도 해임되었다. 한 마디로 풍지박살이 났다.

얼마 후 술 때문인지 검사도 간암 진단을 받고 넉 달도 못 되어 해도 비치지 않는 가파른 산기슭에 파묻혀 묘지의 주인 노릇이나 하게 되었다. 그가 죽자 그에게서 시달렸던 적이 있는 사람들이 '하나님이 용케도 잡아갔구만' 하며 그의 죽음이 잘 되었다고 조롱하였다.

농담 한 마디 때문에

사람이 살아가노라면 행운 때문인지 때로는 너무나도 엄청나게 생각 밖으로 화를 당하기도 하고 행운도 맞는다. 그런데 인생에서 어쩌다 차려지는 행운보다는 뜻밖의 화를 당하는 것이 훨씬 더 많은 것 같다.

근대 문명과는 너무나도 멀리 떨어진 가도 가도 산뿐인 심심산골에도 사람들이 살고 있어서 의사 한 명이 일하는 자그마한 진료소였다. 남자 의사는 내원하는 환자들을 자기 딴에는 정성을 다하여 치료하여 주느라고 밤낮을 가리지 않고 성실하고도 겸손하게 일해 왔다. 십여 년간 이 작은 오두막 같은 진료소에서 사람들에게 신망도 있고 존경도 받고 누구나 다 같이 그를 "우리 선생"이라고 불러 주었다.

무더운 여름 한낮 환자들이 거의 찾아오지 않는 시간이라 그는 침대에 누워 책을 보면서 환자가 오지 않나 하고 기다리고 있었다. 아니나 다를까 산골 사람답지 않게 예쁘게 옷차림을 한 젊은 여인이 허리를 굽히고 치료실에 들어왔다.

　의사는 일어나 의자에 앉으며 처음 보는 분인데 어디가 아파서 왔느냐고 물었다. 그녀는 친척집에 왔다가 갑자기 배가 아파 왔으니 좀 치료하여 달라고 하면서 침대에 걸터앉았다.

　"배가 아픈 환자는 앉아서 진찰할 수 없으니 베개를 베고 누우시오."

　의사는 말하며 그녀를 침대에 눕혔다. 그녀가 침대에 눕자 의사가 진찰할 수 있게 알려 주었다.

　"배를 볼 수 있게 옷은 올리고 입은 벌리고 무릎을 굽히시오."

　그때 그녀가 무릎을 굽히면서 드러난 허벅지의 사이로 꽃무늬가 있는 팬티가 보였다. 의사가 그녀의 아프다는 곳을 진찰하면서 지나가는 말로 한 마디 말을 건넸다.

　"입고 있는 팬티를 어디서 샀습니까? 꽃무늬가 아주 보기 좋구만요."

　그런데 이 실없는 말 한 마디가 그렇게도 엄청나게 망신을 주고 화를 불러오리라고는 생각조차 못하였다. 배에 침까지 맞고 약까지도 처방 받은 여인이 돌아가서 남편에게 실없는 말을 하였다.

　"싱거운 의사를 다 보았어요. 내가 입은 팬티를 어디서 샀느냐고 물으며 보기가 좋다고 하더구만요. 나는 너무나 창피해서 쥐구멍이라도 들어가고 싶을 지경이었어요."

　그녀의 말이 끝나기가 바쁘게 남편이 마치 미친 사람처럼 소리를 치며 무자비하게 아내의 얼굴이고 머리고 가리지 않고 두 주먹으로 때렸다.

"야, 이년아, 그래, 그 놈과 어떻게 놀았니? 네가 말하는 대로 나쁜 짓을 하지 않고야 어떻게 치마 밑에 입은 팬티에 꽃이 있는지 무엇이 있는지 알겠니?"

순간에 그녀는 피투성이가 되어 방안에 쓰러지고 그녀의 남편은 맨발로 진료소로 뛰어갔다. 진료소에 뛰어들다시피 들어간 남자는 아무런 한 마디 말도 없이 다짜고짜 의자를 들어 진료소 의사를 내려치고 발로 차고 하여 그를 피투성이로 만들고는 의료기구가 들어 있는 벽에 세운 장까지도 발로 차서 부수었다.

그때 우연히 들어오던 그 동네의 사람이 그의 난동을 말리면서 말했다.

"보지 못하던 사람인데 어디서 와서 이 야단이오?"

"내가 이 정도로 할 때에는 사연이 있을 것이 아니겠소. 이놈이 우리 처가 입은 팬티를 보기 좋다느니 어디서 샀느니 하면서 희롱을 했는데 치마 밑에 입은 팬티에 꽃이 있는지를 어떻게 알겠소? 무슨 짓을 했는가는 짐작이 가지 않소?"

쓰러진 의사는 변명을 해도 들어줄 것 같지도 않고 또 무슨 미친 짓을 할지 몰라서 일어나지도 못하고 피투성이가 되어 그대로 누워 있었다. 방금 들어온 사람도 누가 옳고 누가 나쁜지 도무지 가늠할 수가 없어 입만 벌리고 있다가 거의 위압적인 언행으로 미친 듯이 날뛰던 사람에게 말한다.

"나쁜 짓은 나쁜 짓이라 치고 이 진료소가 여기 동네 사람들을 치료하는 진료소인데 이렇게 행패를 하면 지나치지 않소? 젊은 사람이라도 앞뒤야 가리고 행동해야지, 남의 동네에 와서 이렇게 하면 가만두지 않겠소. 내가 더 말하기 전에 자리를 피하시오."

그와 더 말을 한댔자 좋은 일은 있을 것 같지 않고 아차하면 매나 맞기 쉽다고 생각한 젊은이가 천천히 돌아갔다. 이 사건이 한 입 건너 두 입 건너 말이 퍼지고 보태어져 나중에는 외지의 여인과 관계가 있어 의사가 매 맞았다고 전달되어 검열을 오게 되었다.

검열을 와서 조사를 해 봤지만 난동을 피웠던 사람은 이미 돌아가고 진료소 의사가 그런 일은 없었다고 입이 닳도록 백 번도 더 되게 설명했지만 이렇게 결론을 맺고 돌아갔다.

"정신병자가 아니고야 대낮에 어떻게 아무 잘못 없는 사람에게 이렇게 할 수 있습니까? 우리가 알게 된 것은 선생이 행패를 당했다는 사실 뿐입니다. 삼척동자도 선생의 말대로 전혀 잘못한 것이 없다고는 말하지 않을 것입니다."

그 의사는 매는 매대로 실컷 맞고 망신도 당하고 추물이라는 딱지가 붙은 채 해임되어 더 깊은 산골의 농장에 농민으로 추방되었다. 몇 년 후 그가 복직되어 다시 의사로 일하면서부터는 정성이고 친절이고 다 버리고 너무나도 기계적이고 틀에 잡힌 의사가 되어 하루에 말 한 마디 하지 않고 살아가는 사람이 되었다.

묘 도굴

때때로 안전부 예심과의 구류장에 왕진을 가게 되면 육십을 바라보는 공훈 예심원과 마주 앉아 그가 하는 도무지 믿을 수 없는 이야기를 듣느라고 두세 시간쯤은 저도 모르게 흘려보낸다.

하루는 뜨고 있는 눈만 살아 있는 사람이라는 것을 알려 주는 백골 같은 남자를 진찰해 보라고 하였다. 혈압을 재보니 혈압이 거의 0이고 맥박은 어찌나 약한지 촉진되지도 않았다. 호흡은 어찌나 세소(細小) 빈삭(頻數)한지 셀 수도 없었다. 내가 왜 사람이 이 지경으로 될 때까지 그대로 두었느냐고 물어보았다.

"도 집결소 새끼들이 사람을 이 지경으로 만들어 죽게 되자 여기로 보냈소. 또 바가지를 쓰게 되었다니깐."

예심원이 말하면서 도 집결소라는 곳은 죄를 제대로 인정하지 않아 강제로라도 인정시키려고 만든 곳인데 거기서는 커다란 담가에 벽돌이나 돌을 100kg이나 되게 담아서는 들고 달리게 하여 보름 안이면 건장한 사람이라도 거꾸러지거나 백골이 된다고 하였다.

내가 저 사람은 무엇 때문에 잡혀왔느냐고 물었더니 그야말로 입을 벌리고 다물 수 없게 하는 말이었다.

"저 사람이 몇몇 사람과 함께 폐결핵 진단을 받는데 죽은 사람의 뼈가 약이 된다고 하여 묘를 도굴하는데 함께 참가한 지 4년째가 되오. 그런데 저 사람이 있는 지역의 담당 안전원이 얼마나 능란한지 같은 안전원이지만 그 방법에 두 손을 들었소. 묘 도굴에 참가했던 사람들을 첫 해에는 한 명, 다음 해는 또 한 명, 세 번째 해에도 또 한 명, 금년에는 저 사람을 형사 사건으로 취급하여 잡아 왔소. 묘지를 도굴한 사건을 4년째나 우려먹고 있으니 그 안전원은 해마다 한 명씩은 감옥에 보내서 능력이 있다고 평가를 받겠다는 것이오."

내가 하도 어이가 없어 왜 묘 도굴을 한 사건을 4년씩이나 우려먹느냐고 물었다.

"안전원이 아무리 못해도 일 년에 한 명쯤은 감옥에 보내야 한다네. 그렇지 못하면 능력 부족이나 열성 부족이라며 무능력자라는 딱지를 붙여 내쫓으니까 그렇게 해서라도 안전원 자리를 지켜야지 별 수가 있나?"

서글픈 대답이었다. 우리가 이야기하는 사이에 화제의 주인공이었던 사람은 누구도 모르게 조용히 이 세상을 떠났다. 나는 오늘로 사망 진단서를 떼어 놓아야 예심원에게 화가 미치지 않는다고 알려 주면서 내일 사망 진단서를 찾으러 사람을 보내라고 하였다.

나는 그 후에 우연하게도 구류장에서 죽었던 사람의 집에 들르게 되었다. 내가 죽던 당시의 그 백골 같은 모습과 진찰했던 상태를 의학적으로 설명하여 주자 죽은 사람의 아내가 억울하고 한심한 자기의 처지를 말했다.

　"나쁜 짓을 한 놈들은 뻔뻔스럽게 소리치며 다니는데 시키는 일이나 겨우 했던 사람들은 이렇게 죽었으니 어디 가서 애매하다는 말 한 마디도 할 수 없는 세상입니다."

　여인이 자기에게 남편의 마지막 정황을 알려 주어 감사하다는 인사를 하던 것이 어제 같이 생각했다.

마지막 선택

우리나라의 역사를 뒤돌아보면 오늘의 함경도를 함길도라고 부르던 때가 있었다. 함흥과 길주라는 뜻이다. 길주는 동해안을 따라 함경도와 원산과 평양을 한 가닥 철길로 량강도와 중국으로 화산으로 뻗어나간 철도의 분기점이 그 교통의 요지이다. 이 크지 않은 도시에서 나와 그렇게도 절친한 사이로 보내던 부부가 사람으로서는 감히 생각도 할 수 없는 인생의 마지막 운명의 길을 선택하였다.

여기저기에 아사자(餓死者)의 시체가 방치되고 주인 없이 누워 있던 그 때, 이 두 부부도 굶어 죽지 않으려고 모든 힘을 다하여 오직 먹을 것 하나만을 위하여 백 사람 천 사람 모두를 다같이 눈물 흘리게 하는 비참한 생의 마지막 길을 선택하게 되었다. 중국에서 구리(동)를 사간다는 말을 듣고는 이들 부부는 구리를 한 배낭씩 준비해 가지고는 혜산으로 가는 길을 떠났다. 혜산으로 가는 직행 기차가 없었으므로 길주에서 갈아타야 했다. 길주 – 혜산행 열차에 구리와 같이 중국에 팔아서는 안 될 물자를 많이 가지고 다닌다는 것을 알고 있는 정황에서 특별 단속을 하여 그 누구든지 배낭 검사를 당해야 하고 구리가 발견되면 두말없이 몰수된다. 물론 몰수한 구리는 안전원들의 호주머니에 들어갔다. 살기 위해서는 안전원이라 하여 예외로 행동하지 않았다. 이들은 공짜로 돈을 얻을 수 있는 구리 몰수를 하기 위하여 밤낮으로 남녀노소를 가리지 않고 열차에 탄 사람들의 배낭 수색을 위해 눈에 불을 켜고 죽을지 살지 모르고 덤벼들었다.

이것을 알고 있던 이들 부부는 아예 열차 안이 아니라 열차 지붕 위에 올라타고 갔다. 이들이 길주에서 열차 지붕에 올랐을 때였다. 역 구내를 순찰하던 안전원들이 지붕 위 사람들은 배낭을 갖고 내려오라고 소리를 지르며 위협했다. 지붕 위의 사람들은 마지막 장사 밑천을 빼앗기지 않으려고 누구도 움직이지 않는다. 공짜로 몰수품을 얻을 수 있는 기회를 안전원들도 놓치려 하지 않는다.

"야, 이 개새끼들아, 내려오지 않겠니? 돌을 던진다!"

안전원의 말이 끝나자 로변에 깔았던 자갈이 열차 위로 연거푸 날아가다

"악"

외마디 비명소리와 함께 옅은 어둠 속에서 끌어 않은 배낭과 함께 한 사나이가 철길 위에 떨어졌다. 철길 위에 떨어진 사나이의 머리에선 붉은 피가 내뿜었다. 더는 비명소리도 들리지 않았다. 사람이야 죽었건 말건 전혀 관계하지 않고 안전원들이 던지는 자갈

돌 세례는 열차 위에 사람들에게 계속 퍼부어졌다.

"야! 이 개새끼들아. 이래도 내려오지 못하겠니?"

실로 야수가 지르는 울부짖음 같은 소리가 야음 속에 퍼져갔다.

"야! 이 개 같은 새끼야 죽어도 못 내려가겠다. 네가 담이 있으면 나한테로 올라오너라."

말과 함께 그녀는 마치 도와주기나 하는 듯이 한 손을 열차 지붕에서 아래로 내려보냈다. 성이 날대로 난 안전원이 허리에 찬 권총을 동료에게 넘겨주고 열차의 지붕 위에 올라가기 시작했다. 그가 열차 지붕에 거의 다 올라왔을 때였다. 지붕 위의 여인이 한 손으로 그 안전원의 쳐들고 있는 한 손을 쥐고 잡아당겼다. 그리고는 나머지 한 손을 열차 지붕 위에 뻗어있는 고압선을 잡았다. 번쩍이는 섬광과 함께 사람의 살이 타는 냄새가 퍼져 나가고 푸른 연기가 보이는 순간 두 남녀가 이미 시체가 되어 철길 위에 나가 떨어졌다.